한국, 10년의 선택

KI신서 1158

한국, 10년의 선택

지은이 공병호

1판 1쇄 발행 2007. 10. 20.
1판 2쇄 발행 2007. 10. 31.

펴낸이 김영곤
펴낸곳 (주)북이십일 21세기북스
책임편집 박종운 · 정지은
기획편집 이성용 · 엄영희 · 박의성
영업마케팅 윤지환 · 최창규 · 서재필 · 정민영 · 도건홍
표지디자인 박선향
본문디자인 김정인

등록번호 제10-1965호
등록일자 2000. 5. 6.

주소 경기도 파주시 교하읍 문발리 파주출판문화정보산업단지 518-3 (413-756)
전화 031-955-2100(대표) 031-955-2731(기획 · 편집)
팩스 031-955-2151(대표)
이메일 book21@book21.co.kr
홈페이지 www.book21.co.kr
공식카페 cafe.naver.com/21cbook

값 10,000원
ISBN 978-89-509-1217-8 13320

한국
10년의
선택

공병호

21세기북스

한국은 지금
절박한 선택의 기로에 있다

세월의 지혜를 품은 어르신들은 종종 '세월이 약'이라는 표현을 한다. 참고 기다리면 흐르는 시간 속에 억울한 감정이나 괴로운 일, 후회스런 기억들이 더러 잊히기도 하고 무뎌지기도 한다는 뜻일 게다. 하지만 5년마다 선거를 통해 새로운 지도자를 뽑고 정권의 성격을 결정하는 우리로서는 길다면 긴 5년의 시간을 '세월이 약'이라며 마냥 기다려 줄 수만은 없다. 이는 국가의 흥망이 걸려 있는 문제이기 때문이다. 길게는 10년, 짧게는 5년의 지난 시간 동안 우리는 새로운 성격의 정치 집단을 선택했고 그들이 어떻게 나라를 이끄는지 지켜보았다. 그리고 지도력의 결과에 따른 나라의 흥망을 함께 했으며, 사람들은 저마다의 이해관계에 따라 정치에 대해 긍정과 부정을 번복했다.

역사 소설 『조선 태조 이성계의 대업』을 펴낸 88세의 김성한 작가는 한 인터뷰에서, "나는 일왕(日王)을 신으로 받들던 시대에 태어나 6.25

전쟁과 유신을 거쳐 현 정부까지 다 봤어요. 왕조든 사람이든 결국은 흘러갈 뿐인데 사람들은 그걸 모르지요"라고 말한 적이 있다. 삶의 오랜 경험을 통해 터득한 철학적 사고에서 비롯된 얘기일 것이다.

권력을 쥔 사람이든 평범한 시민이든 모두가 흘러가는 세월을 인식한다면, 부질없는 욕망도 버리고 부끄러운 후회의 일도 만들지 않으며 살 수 있을 텐데 하는 생각이 든다. 그런데도 권력만 쥐면 갑자기 완장을 찬 선도부원이라도 된 듯 무소불위의 힘을 여지없이 드러내니, 이를 지켜보는 국민의 한 사람으로서 부끄럽기 그지없다. 지나간 것은 모두 아름답다고 하는데, 어찌 된 일인지 우리의 과거 정치사는 온통 부정과 비관과 불안으로만 기억되는지 참으로 안타까운 현실이다.

지난 시간을 뒤돌아보면서 특정 정치권력이 국민들의 삶에 얼마나 큰 영향을 미칠 수 있는지 실감하지 않을 수 없었다. 생업을 영위하는 사람들에게 정치권력의 성격이 뭐 그리 중요하냐고 할 수도 있겠지만, 당위의 세계뿐만 아니라 현실의 세계는 더욱 그러하다. 어떤 정치 세력이 권력을 잡느냐에 따라 한 나라의 방향과 분위기 그리고 개개인의 활력까지도 크게 영향을 받는다는 것을 지난 세월을 통해 절감한 사람이 어디 필자뿐이겠는가.

그게 바로 이 책을 쓰게 된 원동력이다. 제대로 된 의식으로 제대로 된 지도자를 뽑는 일, 그것만이 대한민국이 살아나갈 수 있는 희망이라는 확신이 한 권의 책을 탄생시킨 것이다.

선거는 인간의 본능이 한꺼번에 드러나는 장이다. 모두가 오직 승리만을 위해 야수처럼 내달리며, 흑색선전과 비방, 권모술수를 최대한 동원한다. 그리고 실제 그런 방법을 통해 버젓이 정권을 획득하는 경우를 우리는 늘 보아왔다.

하지만 국민의 한 사람으로서 그리고 지식인의 한 사람으로서 더 이상 보고만 있을 수는 없다는 생각이 들었다. 필자가 지닌 소소한 지식과 판단을 바탕으로 만든 이 책이 온 국민이 보다 현명한 기준으로 지도자를 선택할 수 있도록 도울 것이다. 또한 지도자가 만들어나가야 할 국가의 모습과 우리 모두가 지향해야 할 목적지도 명료하게 정리해 놓았다.

물론 필자 개인의 정치적인 색깔이 여과 없이 드러나는 부분도 있어 다소 불편하게 느끼는 분들도 있으리라 사료된다. 필자의 의견을 강요할 의도는 아니니 곡해 없기 바란다. 자유민주주의 사회의 특성상 이러저러한 의견 표출은 얼마든지 가능한 일이며, 이를 받아들이는 것은 결국 개인의 선택에 달려있으니 말이다. 그렇더라도 선전선동과 폭로 그리고 흑색선전과 네거티브 전략으로 인해 다수의 국민들이 거짓된 주장과 정보와 조작된 이미지에 속아 그릇된 의사결정을 내리지 않기를 바라는 간절한 마음만큼은 받아주길 바란다.

이 책은 모두 3부로 구성되어 있다. 1부에서는 '한국의 비전, 어디로 가야 하는가'라는 주제로, 대한민국이 지향해야 할 여덟 개의 목적지를 정리했다. 2부에서는 '한국의 현재, 무엇을 바꿔야 하는가' 라는 주제로 대한민국의 선진화 방안에 걸림돌이 되는 열다섯 가지의 문제들을 선별해 제시했다. 3부에서는 '한국의 미래, 무엇을 할 것인가'라는 주제로 구체적으로 무엇을 해야 할지에 대한 해결 방안을 열다섯 가지 사안으로 나누어 제시했다.

이 책은 향후 5년을 함께할 정치 지도자를 선택하는 데 있어서 친절한 길잡이가 되어줄 것이다. 그리고 우리가 선택한 지도자가 해야 할 일이 무엇인지를 제시하는 안내자의 역할도 함께 한다. 이 책이 필자가 다수 출간한 개인의 성장과 발전을 위한 기존의 책들에 비해 구체적인 지식이나 정보를 주는 데는 다소 미흡할 수 있다. 하지만 직접적인 행동에 앞서 하나의 커다란 밑그림을 그리는 데에 더없는 도움이 될 것이며, 그것만으로도 이 책의 가치는 충분하다고 자부한다.

건강한 육체에서 건강한 생각이 나오듯이, 건강한 나라를 만드는 일은 곧 우리 스스로를 건강하게 만드는 일이다. 국가의 번영이 있어야 개인의 성공도 가능하다는 데에 동의한다면 반드시 일독을 권한다.

부디 이 한 권의 책이, 대한민국이 침체의 늪을 벗어나 매력적이고 역동적인 나라로 변신하는 데 기여할 수 있기를 소망하고 또 소망한다.

2007년 9월
공병호

3부__ 한국의 미래, 무엇을 할 것인가

1 부

한 국 의 비 전,

어디로 가야 하는가

고도성장을 지속하는 나라

표류하는 국가의 비전

세상의 모든 비극은 대부분 목적과 지향점 그리고 방향을 상실했을 때 일어난다. 그래서 개인뿐만 아니라 조직이든 국가든, 사람을 구성원으로 하는 집단이라면 항시 분명한 목적의식을 갖추고 있어야 한다.

그렇다면 국민을 구성원으로 하는 국가의 목적의식은 어떻게 만들어야 할까?

대한민국은 어떤 나라가 되어야 하는가, 원하는 나라를 만들기 위해 지도자와 국민들은 어떤 노력을 해야 하는가라는 끝없는 질문과 해답을 구하는 과정을 통해 목적의식은 자연스럽게 생겨난다. 이 질문의 해답은, 한 나라의 지도자를 뽑는 신중한 선택과 그 지도자가 어떤 부문에 가장 큰 비중을 두고 정책을 펼칠지, 그리고 기존의 정책이나 제도

를 어떻게 변화시킬지에 대한 뚜렷한 방향을 찾는 것에서부터 시작한
다. 이는 더불어 국민에게도 미래에 대한 희망과 낙관 그리고 현재의
삶에 뚜렷한 목적과 달성방법을 제시한 다.

　개인의 경우, 성장과정에 있어서 '결핍'이란 단어가 중요하게 작용
한다. 어려운 환경에서 태어나고 자란 사람들은 자연스레 결핍이란 단
어를 물려받는다. 개인에 따라서 결핍이나 부족에 압도된 나머지 재기
할 수 있는 기회를 놓쳐버리는 사람도 있고, 물론 소수이긴 하지만 객
관적으로 불리한 요소인 결핍을 자신을 성장시키는 에너지로 삼아 세
상의 중심에 우뚝 서는 사람들도 있다. 이들은 자신이 도달해야 하는
목적지와 현실 사이의 간격을 메우기 위해 헌신적으로 삶을 일구고 가
꾼다. 성공신화를 만드는 자극제로 삼는 것이다.

　반면 여유 있는 환경에서 나고 자란 대부분의 사람들은 결핍과는 동
떨어진 삶을 산다. 이들의 성공방법은 절대적 결핍보다는 상대적 결핍
즉, 자신이 추구할 목표를 타인에 비해 가능한 높게 설정하는 것이다.
그럼으로써 분발해야 할 동기와 추진력을 얻는다. 목표를 어떤 수준으
로 잡느냐에 따라 스스로의 분발 이유와 에너지의 척도가 결정되기 때
문이다.

　조직과 국가의 경우에도 상대적 결핍을 기준으로 목표를 설정할 수
있다. 비교적 성공한 조직이나 국가의 경우 자신들의 업적을 대단한 것
으로 여기곤 하는데, 사실 안목을 넓혀 현재를 직시하면 대부분의 성취
는 오히려 사소함에 가깝다. 1인당 국민소득 60달러에서 출발해 오늘의

대한민국이 있기까지 우리는 참으로 많은 것들을 일궈냈다. 이따금 젊은이들을 상대로 강연을 할 때면 빠뜨리지 않고 꼭 하는 이야기가 있다.

"한국전쟁이 끝나고 회복기에 있던 1955년의 우리나라 1인당 국민소득은 불과 71달러였습니다. 당시 쿠바는 우리보다 6.8배나 되는 382달러(1951년)였습니다. 경제성장을 연구하는 학자들은 1960년대의 아프리카 가나와 아시아의 한국을 곧잘 비교하곤 하지요. 왜냐하면 두 나라는 비슷한 국민소득과 산업구조에서 출발했지만 얼마 지나지 않아 아주 큰 차이가 나타났거든요. 한국이 우뚝 솟아오른 반면 가나는 여전히 빈곤을 벗어나지 못했지요.

여러분은 지금 우리가 누리고 있는 물질적 풍요에 대해 너무 당연하게 여기고 있습니다. 저는 지금도 초등학교 저학년 때, 제 고향인 경남 통영에 처음으로 선을 보인 슈퍼마켓(주인이 직접 물건을 건네주지 않고 손님 스스로 물건을 골라서 판매대에 대금을 지불하는 방식의, 당시로서는 아주 새로운 형식의 유통 형태 : 편집자 주)과 처음 그곳에 들어갔을 때의 감격, 그리고 삼립식품의 크림빵이 나왔을 때의 그 삼삼한 기분을 생생하게 기억하고 있습니다. 그래서 저는 아버지 세대, 그러니까 여러분의 할아버지 세대에 대해 진심어린 존경의 마음을 갖고 있습니다. 그 분들의 헌신과 노고가 있었기에 오늘 우리가 누리는 이 삶이 가능한 것이니까요. 여러분이 이런 사실을 잊지 않고 가슴에 새겨 두었으면 합니다. 누구든 감사하는 마음이 있어야 분발할 이유도 찾을 수 있거든요. 당연하게 받아들

이면 절대로 열심히 해야 할 이유를 찾을 수 없습니다.'

하지만 대한민국은 1960년대 이후 이루어낸 화려한 성취로 인해 고도
성장의 후유증을 앓았다. 그 치료과정에서 여러 가지 문제점들이 노출
되었고, 1990년대 이후 우리 사회는 방향감각을 상실해 휘청거리고
있다.

　새로운 정부가 출범할 때마다 보통사람의 시대, 세계화의 시대, 제2
건국론, 동북아 중심국가 등 무수한 말의 성찬이 차려졌지만, 국가의
지향점을 제시하기보다는 정권 차원의 캠페인 성격에서 크게 벗어나지
못했다. 일상을 꾸려가는 국민들에게 대한민국이 어디를 향해 나아가
고 있는지에 대한 확신과 믿음을 주기에는 오히려 역부족이었다. 국정
지표나 이를 대신하는 구호들이 아우성을 치지만 국민들은 '또 저러다
말겠지', '정권 바뀌고 나면 그만일 걸 또 시작이네'라고 흘려들을 뿐
이었다. 게다가 정권 자체가 단임제이기 때문에 새 정권이 등장하면 으
레 분위기를 쇄신하는 차원의 구호나 슬로건 이상의 의미를 지니지 못
했으며 정권을 잡은 사람들끼리의 자화자찬에 그치고 말았다.

7퍼센트 고성장 국가 재진입

새로운 정권은 대한민국이라는 이름의 배가 나가야 할 방향을 제시할
수 있어야만 한다. 또한 전(前) 정권이 이루어낸 성과물보다 높은 목표

를 세우고 그 목표를 달성하기 위해 현 상황과의 격차를 줄이는 노력이 필요하다. 그 첫 번째 목적지는 모든 정책의 최우선 과제인 고성장 국가로서의 위치를 유지하는 일이다. 이는 누가 정권을 쥐건 관계없이 그 어떤 정책보다 우선순위가 되어야 한다. 이처럼 뚜렷한 목적지를 정하고 나면 그 다음 정책의 우선순위가 자연스럽고도 확연하게 결정된다.

혹자는 선진국도 일정 이상의 고도성장을 거치고 나면 저성장이 정착되는 것이 상식이라는 고도성장 불가론을 제시한다. 물론 그런 상식과 경험적 인식에 잘못이 있는 것은 아니다. 그러나 성장 여력을 확충하고 한 국가의 역동성을 유지하는 일은 하기에 따라 얼마든지 가능하다. 연평균 7퍼센트의 성장이 불가능한 숫자라고만 생각하지 말고 이 같은 목표를 달성하기 위해 무엇을 하면 될까라는 보다 긍정적인 사고가 필요하다. 세상사가 그렇듯이 경제 역시 마음가짐이 곧 초석이다. 사람들의 에너지가 생산적이고 건설적인 쪽으로 분출될 수 있도록 제도를 정립해 분위기를 조성한다면 얼마든지 다시 한 번 고성장을 만들 수 있다.

어느 누가 한국인들이 자동차를 만들어 미국시장에 내놓을 수 있을 거라고 생각했겠는가. 누가 한국이 조선 강국이 되리라고 믿었겠는가. 누가 한국이 LCD, 핸드폰, 카메라 등과 같은 제품으로 일본을 제치거나 대등한 경쟁을 하리라고 생각했겠는가. 당시의 이론과 상식으로는 우리가 이룩한 모든 성과는 실현 불가능한 일들이었다. 그러나 우리는 해냈다.

빠른 성장 속도를 유지하는 일만이 한 국가의 역동성을 유지하는 길이다. 국가는 사람으로 이루어진 일종의 에너지 덩어리다. 에너지가 건설적으로 분출되지 못하면 사람들은 으레 에너지의 출구를 찾게 마련이다. 그래서 과거에는 에너지를 외부로 분출시키기 위해 전쟁을 일으키기도 했다. 역사에 목을 매거나, 주변 강국과의 불필요한 마찰에 에너지를 쏟거나, 내부적으로 뛰어난 사람들의 발목을 잡는 데에 에너지를 투입했다. 요즘 우리 사회의 모습도 이와 다르지 않다. 조선일보와 동아일보를 비난하고, 서울대를 서열화와 학벌사회의 주범으로 비난하며, 강남 주민을 부동산 투기의 주범으로 몰아붙인다. 어떻게든 에너지를 발산시켜야 하기 때문이다. 속죄양을 찾을 수 있다면 그것이 미국이든 일본이든 비난의 출구나 대상이 되고 만다.

끊임없이 부(富)를 추구하는 건설적이고 생산적인 게임에 에너지를 발산할 수 있도록 사회는 이를 주도해야 한다. 높은 경제성장을 통해 더 높은 국민소득과 더 큰 경제 볼륨, 그리고 더 많은 부자들이 나올 수 있도록 말이다. 굳이 우선순위를 매긴다면 '고성장 국가로의 재진입', '역동적으로 성장하는 코리아' 야말로 대한민국이 가장 중요하게 여겨야 할 목적지다. 당연히 선언적이므로 수량지표가 제공되어야 할 것이다. 언제까지 얼마를 달성하겠다는 구체적이고 야심적인 수량목표를 세워 고성장 국가로 다시 한 번 진입하는 데 총력을 기울이고, 그에 따른 걸림돌을 제거하기 위해 이제 행동으로 옮길 때다.

기업가정신을 귀하게
여기는 상인의 나라

한국, 21세기 선비의 나라?

"중국은 상인의 나라, 일본은 제조업(모노츠쿠리 : 물건 만들기)의 나라, 한국은 선비의 나라"라는 말은, 한 일본인 친구가 재미삼아 3국을 비교하며 들려준 얘기다. 단순하지만 세 나라의 역사와 문화 속에 면면히 담긴 국민성과 차이점을 콕 찍어낸 표현이다. 하지만 오늘날의 한국은 '선비의 나라'라고만 한정짓기에는 무리가 있다. 오늘날의 한국은 OECD 국가들 중 자영업의 비중이 높은 나라에 속한다. 이는 역사 문화적 국민성과는 달리 어쩔 수 없는 상황에 처해 떠밀리듯 자영업을 시작하는 사람들의 비중이 날로 늘어나고 있음을 뜻한다.

이런 현실에도 불구하고 한국인의 의식 속에는 아직 사업에 대한 거부감이 있다. 보통 사람들의 가식 없는 솔직한 바람이 반영되는 아이들의 진로 선택을 보면 사업을 대하는 의식이 고스란히 나타난다. 필자가 3년간 주도해온 초중고생 '자기경영' 아카데미에는 직업에 대해 가르치는 시간이 있다. 지난 3년간 참석한 학생들에게 "여러분 가운데 앞으로 자기 사업을 해보겠다고 계획하고 있는 학생들이 있습니까?"라는 질문을 던졌다. 그때마다 거듭 확인하게 되는 사실은 거의 대부분의 학생들이 사업을 고려대상에 넣고 있지 않다는 점이다. "부모님이 권한 적은 없나요?"라는 추가적인 질문에 대해서 역시 "거의 없다"라는 대답이 대다수를 차지한다.

부모가 사업을 하는 경우, 이를 겪으며 자란 학생들 가운데 일부가 사업가를 꿈꾸기도 하지만 이는 극히 예외적인 사례다. 대개의 부모들은 아이들이 우수한 성적으로 좋은 대학에 들어가 안정적인 전문직에 종사하기를 원한다. 실제로 필자가 알고 있는 주변의 학부모 대부분이 자녀들에게 그렇게 가르친다. 이는 곧 학부모나 아이들 모두 도전보다는 안정이라는 단어에 더 큰 비중을 두고 있음을 대변한다.

요즘 들어 약간의 다양성을 띠기는 하지만 불과 얼마 전까지만 해도 아동을 대상으로 나와 있는 자서전 분야를 보면 처칠, 링컨, 드골, 이순신, 마더 테레사 등의 공적 인물이 대부분이었다. 경제계에서 큰 업적을 쌓은 인물을 다룬 아동용 서적이나 중고생용 서적을 발견하기란 극히 드문 일이었다. 이 역시 고객에 해당하는 학부모들의 선호도와 기호를 출판사와 작가가 적극적으로 반영하고 있는 현상으로 이해할 수 있다. 이런 분위기는 1997년 외환위기를 맞으면서 조금씩 변화하기 시작해 초등생이나 중고생을 대상으로 하는 책에도 서서히 반영되고는 있지만 여전히 초보단계를 벗어나지 못하고 있는 실정이다.

가치창조의 기업가정신

자본주의 사회라면 어느 시대를 막론하고 그 중심에 돈이 있다. 돈을 중시하는 분위기는 앞으로 더더욱 힘을 받게 될 것이다. 흔히 세계화의 또 다른 측면을 미국적 가치의 확산으로 이해하는 사람들이 있다. 물론 지나친 물질주의라고 반감을 드러내는 사람들도 있지만, 찬반을 떠나 미국적 가치가 압도적인 우위를 차지하게 될 것이라는 사실은 틀림없다. 한 사람이 벌어들이는 소득은, 미국인들이 흔히 돈에 부여하는 문화코드인 '증명(proof)'으로 받아들여지는 현상이 지배적으로 자리잡게 되며, 이는 개인의 소득이 일종의 신분으로 평가받게 되는 것이다.

사람들은 시간이 지날수록 부를 창조하는 일에 더더욱 몰두하며, 이에 더 많은 가치를 둘 것이다. 실제로 돈이나 부는 한 개인, 조직 그리고 국가의 위치를 정하는 데 결정적인 역할을 담당한다. 이런 시대적 추세가 명확하다면 대한민국이 지향해야 할 또 하나의 목적지는 역동적인 상인의 나라를 향해 나아가는 일이다. 상인의 나라는 구성원 개개인이 스스로 상인정신 혹은 기업가정신으로 무장하고 저마다의 분야에서 더 많은 가치를 창조하기 위해 헌신하는 것을 뜻한다. 상인의 나라라고 해서 반드시 기업가에 국한하는 좁은 의미로 해석할 필요는 없다.

공적인 임무를 수행하더라도 '고객이 반드시 필요로 하는 것을 제대로 판매한다'는 원리에 초점을 맞추면 된다. 이른바 개개인이 기업가정신으로 무장하고 늘 자신의 생업에서 개선, 혁신 그리고 창조를 생활화하는 것을 말한다.

상인정신은 당연히 실용주의정신과 합리주의정신을 요구한다. 여기에 허례허식 등의 낭비가 자리 잡을 여지는 없다. 또 학교 역시 관료를 만들고 공부만을 우선으로 하는 교육에 치중하기보다는 자신의 재능을 바탕으로 고객이 간절히 원하는 필요와 욕구를 제대로 채워줄 수 있는 그런 인재를 배출하는 데 주력하게 된다. 대통령에서부터 말단사원이나 주부 그리고 학생에 이르기까지 모두가 자신의 분야에서 상인이 되어야 한다. 이런 점에서 "각자가 마치 CEO처럼 생각하고 행동하라"는 피터 드러커 교수의 조언은 이와 일맥상통한다.

> "CEO들은 자신들만이 할 일을 갖고 있다. 그것은 오직 CEO들만이 할 수 있는 일이고, 또한 CEO들이 하지 않으면 안 되는 일이다. 지식근로자 각자는 자신이 마치 CEO인 것처럼 생각하고 행동하지 않으면 안 된다."
> – 엘리자베스 하스 에더샤임, 『피터 드러커, 마지막 통찰』, p.318.

각자가 자신의 행위를 통해 가치를 만드는 최고경영자처럼 생각한다면 여기서 곧 부가가치를 창출하는 기회와 아이디어가 나온다. 모든 것이 관점의 문제가 아니겠는가. 스스로 최고경영자라는 관점으로 사물과 일을 대하면 놀라운 변화가 일어난다. 이런 변화가 사회 모든 구성원에게 적용된다면 직접 부를 창조하는 활동에 종사하는 기업가나 상인의 숫자가 더 늘어나야 한다. 그리고 그냥 이름만 기업가나 상인이 아니라 상인정신을 바탕으로 사업과 장사를 하는 사람들의 절대 숫자가 이 땅에서 크게 늘어남을 뜻한다. 뿐만 아니라 어디서 무슨 일을 하든 기업가정신으로 자신이 하고 있는 일을 개선하고 혁신하려 노력하는 사람들을 우대하고 영웅시하는 사회로 나아가야 함을 뜻한다.

안후이 상인의 교훈

상인의 나라에 대해 말할 때 중국인들을 거론하지 않을 수 없다. 중국의 유대인으로 불리는 저장성의 원저우(溫州) 시는 인구 700만 명 가운데 종업원이 여덟 명 이하인 자영업소가 24만여 개, 민영기업이 13만여 개 등, 총 37만여 개의 사업장이 있다. 다시 말해, 시 전체 인구 700만 명 가운데 인구 19명 당 1명꼴로 사장이라는 것이다. 이곳 사람들은 태어나면 의당 장사를 업으로 여긴다고 한다. 장사를 직업의 최고로 치며 이를 통해 부를 추구하는 것을 지상 최고의 성스러운 일로 생각한다. 이런 과정에서 막대한 부가 그 지역에 축적되고 있음은 두말 할 필요가 없다.

"원저우 부모들은 자식들이 어릴 때부터 상인 기질이 몸에 배도록 교육시킨다. 어디 가서도 먹고살 수 있게 만드는 것이다. 중국의 어린이날은 6월 1일. 다른 곳에서는 놀이공원과 어린이 용품 코너가 붐비지만, 원저우는 다르다. 어린이날에 부모는 자녀에게 큰 비닐봉지와 집게 하나를 들려준다. 거리의 빈 병을 수집해서 팔도록 하는 것이다. '돈벌이 체험 교육'이 부모가 주는 어린이날 선물인 것이다.

지금 상하이에서 큰 사업을 하고 있는 원저우 출신 기업가의 스토리다. '내가 아홉 살이 되는 어린이날에 아버지는 슬리퍼 한 상자를 주면서 이웃 도시에 팔고 오라고 했다. 차비는 버스 편도 요금만 주었다. 돌아오는 차비는 슬리퍼를 팔아서 내라는 것이다. 다음해엔 두 상자, 그 다음해엔 세 상자를 들려 보냈다. 나는 점차 장사에 자신이 생겼다. 아예 초등학교 5년을 중퇴하고 장사를 시작했다.' 원저우 사람들은 서슬 퍼런 문화혁명 시절에도 밤에 몰래 집에서 물건을 만들어 팔 만큼 상인 기질이 배어있다."

　- '중국을 다시 보다(4), 시장경제의 메카 저장성', 〈조선일보〉, 2007. 6. 15.

이처럼 열정적으로 돈벌이에 몰두하는 상인들이 있는 반면, 옛날에는 갑부로 통했지만 지금은 볼품없이 전락해 버린, 우리나라 면적의 1.5배에 7천만 명의 인구가 사는 안후이(安徽) 성도 있다. 안후이 상인은 주자학의 창시자인 주희를 높게 평가하고 주자가훈을 행동의 지침으로 삼는다고 한다. 청나라 시절까지만 하더라도 안후이 상인은 중국 상인 서열 1위를 차지했다. 그러나 그들은 인생의 초중반에 상당한 부를 쌓

　　　　　　　　　　　　　　　　한국, 10년의 선택

고난 이후에는 재투자를 통해 부를 더 확장하기보다는, 주자가 강조했듯 관직을 차지하는 데 높은 관심을 갖었다. 이는 그들의 정신세계를 지배하는 주자학의 전통이 중요한 역할을 하고 있음을 보여준다. 이를 두고 중국 상인에 대한 연구서를 내기도 한 경희대의 강효백 교수는, "비록 물질적으로 거부가 되었다 하더라도 그들의 가슴 한쪽에는 상인을 천시하는 자기비하와 자기학대 의식이 웅크리고 있다"는 말로 그들의 몰락 배경을 꼬집는다. 이에 더해 강효백 교수는 우리 한국인이 깊이 새겨야 할 몇 가지 교훈을 전한다.

"안후이 상인은 돈깨나 모았다고 생각되면 곧장 부나방처럼 관직의 길로 나섰다. 이웃 저장이나 광둥상인처럼 상업만을 인생의 유일한 생업으로 정한 것이 아니었다. 그들은 번 돈으로 관직을 사든지 의연금이나 기부금을 많이 바쳐 조정의 환심을 사는 데 몰두했다. 그게 여의치 않으면 장사에 나가 수십 년 동안 평생을 수절한 여인들을 위해 세운 '파이팡' 즉 중국식 열녀문을 세웠다. 시장경쟁시대에 들어서면서부터 안후이가 연전연패의 운명을 감수하는 현상은 필연적 귀결이다."
– 강효백, 「중국인의 상술」, p.108.

자본주의란 형태만이 아니라 사람들의 의식이 함께 따라야만 한다. 그렇지 않고서 부를 만들어 내는 일이 쉽지 않다는 것을 안후이 상인들의 부침을 통해 알 수 있다. 특히 관이나 정에 지나친 비중을 두는 우리 사회가 깊이 새겨야 할 대목이다. 대한민국이 지향해야 하는 목적지는 부를 만드는 행위를 숭상하고 그 결과로 더 많은 사람들이 이런 분야에 뛰어들 수 있도록 제도를 정비해 분위기를 이끄는 데에 있다.

성장의 기회가 넘치는
매력적인 나라

03

싱가포르, 매력적인 국가 만들기

싱가포르의 '국부(國父)'로 불리는 리콴유(李光耀) 수상이 올해 2월 23일 싱가포르 시내에서 열린 신년 연례 만찬회에서, "싱가포르는 이제 제1세계의 하층부(lower half)에 올라왔다. 앞으로 싱가포르는 더 과감한 개방과 삶의 질 개선 노력을 통해 또다시 도약해야 한다"고 역설한 바 있다. 그의 연설 내용을 살펴보면 싱가포르가 지향해야 할 목적지가 곧 매력적인 국가 만들기며, 그들이 이 '매력'이라는 단어에 얼마나 집중하고 있는지 알 수 있다.

"향후 5년 동안은 여러가지 사건 발생을 막아가면서 성장(growth)에 집중해야 하며, 이를 위해 최고 선진국들로부터 인재와 자금을 유치하는 수밖에 없다. 또 최고급 선진 인력을 끌어들이려면 최고의 거주 환경과 최고의 자녀 교육 시스템을 제공해야 하며, 개인과 기업에 대한 세금을 계속 낮춰야 한다. 그리고 2010년까지 마리나(Marina : 싱가포르의 대표적인 해변지역) 등에 두 개의 카지노형 리조트를 짓고 활력이 넘치는 파리와 가장 국제화된 런던, 문화 · 비즈니스 중심지로서 뉴욕 같은 세계 톱(top) 도시들의 가장 좋은 점들을 흡수해 싱가포르의 모습(landscape)을 획기적으로 탈바꿈시켜 나가야 한다.

이를 통해 국제적으로 비즈니스 · 문화의 중심 도시일뿐만 아니라 밤에도 활력이 넘치는 녹색 · 청정 도시를 만들겠다는 '비전'이다. 리 장관은 '카지노형 리조트 건설 등은 단지 시작일 뿐이며 더 활력 있는 밤 문화를 만들어 지난해 900만 명이었던 관광객들을 오는 2015년에는 1700만 명으로 늘려야 한다'고 했다."

– 송의달, '10~20년 후 싱가포르 세계 최선진국 합류', 〈조선일보〉, 2007. 2. 26.

싱가포르의 사례는 대한민국이 어디를 향해 가야 할지를 결정하는 데 뜻하는 바가 크다. 한마디로 매력이 넘치는 나라를 지향해야 한다는 말이다. 그렇다면 매력은 어디에서 생겨나는가. 이는 외면과 내면 모두에서 발산한다. 젊은이들의 매력은 수려한 외모에서 풍기거나 젊음 그 자체에서 발산되며, 중후함을 지닌 중년들은 성취도와 내면의 깊이에서 매력이 묻어난다.

그렇다면 국가를 대상으로 매력이란 단어를 사용하면 어떤 의미로 해석할 수 있을까. 내국인뿐만 아니라 외국인들로부터 매력적인 나라라는 찬사를 받을 수 있어야 한다. 다시 말해, 대한민국이 지향해야 할 목적지는 매력이 차고 넘치는 나라여야 한다는 말이다. 그런 나라를 만들기 위해 가장 필요한 요소는 무엇일까. 지속적으로 돈을 벌거나 부자가 될 수 있는 기회, 배움을 가질 수 있는 기회, 성장할 수 있는 기회가 제공될 때 한 국가는 매력의 땅으로 자리매김한다. 매력 있는 나라라는 인식이 퍼지면 돈, 인재, 기술, 정보가 거침없이 몰려든다. 하지만 그 매력이 이내 시들해지면 사람들은 곧 다른 나라로 떠나 버리고 만다. 돈, 인재, 기술이 몰려들기 위해서는 역동적인 성장이 필수적이다. 다른 어떤 요소들이 우호적이라 하더라도 지속적으로 기회가 주어지지 않는다면 매력적인 나라가 될 수 없다. 한때 매력적이다 못해 유혹적이기까지 했던 나라라고 하더라도 노력을 게을리 하면 그 나라는 곧 버림받은 연인처럼 잊히고 만다.

매력적인 국가의 조건

그런 면에서 볼 때 중국과 인도 등은 꽤 매력적인 나라라고 할 수 있다. 왜냐하면 그들은 지속적으로 성장하고 있기 때문이며, 그 기회를 잡기 위해 세계 각국의 인재와 돈이 그곳으로 몰려든다. 때문에 지속적이면서도 빠른 속도의 성장은 매력적인 나라를 구성하는 첫 번째 요소다. 다음으로 외적인 요소의 중요성을 들 수 있다. 최근 일본은 성장성이 떨어지기 때문에 매력적인 나라라고 부르기에는 부족함이 있지만 청결이나 신비함 등 나름의 독특한 전통과 문화적 측면에서 일본만의 매력을 지닌다. 성장이란 요소 이외에 아름다움과 전통이라는 요소를 더하면 내외적으로 매력적인 국가가 될 수 있다.

국가의 아름다움은 물려받은 천연자원이나 문화재에서 오기도 한다. 이들은 주어지는 것이기 때문에 잘 보존하는 것 이외에 별다른 방법이 없다. 그러나 시각적인 아름다움을 더하는 방법에는 스스로 가꾸고 관리할 수 있는 것들이 많다. 근래에는 지방자치단체들마다 여기에 중점을 두어, 입간판이나 보도 게시판, 보도블록, 조형물 등과 같은 공공디자인 부분에 주의를 기울인다. 미적인 부분에 대해 깨닫기 시작한 것이다. 시각적인 아름다움은 기쁨이나 즐거움을 한층 더 북돋우게 되는데, 이러한 부분을 충분히 고려해 거시적으로 확대시키면 매력적인 국가를 만드는 데 기여하게 된다.

도시의 랜드 마크에 해당하는 건물을 만드는 일도 매력을 더하는 한 가지 요소라고 할 수 있다. 최근 롯데그룹의 고층빌딩 계획이 무산된 데에는 그만한 이유가 있었을 것이다. 군과의 협의 과정에서 국가 안보상의 문제점이 어느 정도 고려되지 않았을까 싶다. 그럼에도 불구하고 서울의 랜드 마크에 해당하는 빌딩 하나 정도는 있어야 하지 않을까 하는 아쉬움이 든다. 살아 있는 동안 초고층 빌딩을 짓고 싶은 마음은 기업가에게 사업적인 측면 이외에도 평생을 통해 이루고 싶은 꿈일 수 있다. 초고층 빌딩이 일단 물꼬를 트면 다른 기업가들도 경쟁적으로 건축

30

에 들어가게 될 것이고 그 결과 서울의 도시 풍경도 크게 변화할 수 있다. 이런 경쟁은 결과적으로 사회 전체에 큰 성과를 낳는다.

　우리 사회가 지향해야 할 목적지는 우리 사회의 모든 영역에서 '어글리(ugly)'한 요인을 없애고 '매력적인(charming)' 요소를 더하는 일이다. 외관이나 품격 그리고 품위의 이미지적인 요소 이외에도 구성원들의 열린 마음과 법을 준수하는 태도와 마음가짐 등의 요소 역시 간과해서는 안 된다. 매력적인 대한민국을 지향하기 위해 어떤 개선과 노력이 필요한지 생각해 볼 때다.

안과 밖이 모두 열린 나라

개방에 대한 두려움

새로운 것, 낯선 것을 받아들이는 일에는 사람이나 언어, 문화 그리고 상품이나 서비스를 떠나 두려움과 불확실함이 늘 함께 한다. 그런 불확실함과 두려움 속으로 한 발짝 내딛는 일은 더 없이 힘든 일이다. 그래서 시장 개방에서부터 나라의 문호를 여는 더 큰 의미의 개방에 이르기까지 항상 반대의 목소리가 득세한다. 그리고 이런 목소리는 늘 열띤 호응을 얻는다. 개방에서 얻게 되는 성과는 많은 인내의 시간을 필요로 하며, 그 수혜자 또한 넓게 분포되어 있다. 그래서 그 효과가 직접적으로 눈에 띄지 않아 기꺼이 개방을 찬성하려는 사람들이 의외로 적다.

하지만 개방 반대 진영에 서는 사람들은 매우 유리한 위치를 차지한다. 인간의 심성 가운데 뿌리 깊게 드리운 낯선 것에 대한 두려움과 불안감, '우리'와 '그들' 구분하기, 아군과 적군으로 편 가르기, 그리고 약한 자와 강한 자의 이분법은 인간 본능에 호소하는 힘이 강해서 이성과 논리로 무장하지 못한 대다수 사람들의 감정에 깊이 흡수된다. 굳이 먼 나라의 사례를 들지 않더라도 한국의 근현대사를 살펴보면, 구한말 '서양의 사악한 오랑캐를 물리쳐야 한다'는 위정척사(爲政斥邪) 운동이 한국인들의 공감을 불러일으킨 예를 찾을 수 있다. 뿐만 아니라 1960년대 이후 대외개방과 수출산업육성정책으로 대표되는 한국의 산업화 반대편에는 항상 대외종속과 매판자본을 우려하는 목소리가 높았다. 해외 자본을 두려워하고 우리식 경제를 고집하면서 개방에 소극적이었거나 근본적으로 이를 막았던 대다수 국가들은 가난의 나락으로 떨어지고 말았다. 개방에 대한 본능적 거부감에 대해 김정호 박사와 이런 이야기를 나눈 적이 있다.

"시장 개방이 불가피하다는 것을 알고 있음에도 불구하고 우리의 의식은 개방에 저항하고 있다. 국내 시장이 개방되면 우리의 산업이 쓰러지고 우리의 노동자들이 직장을 잃을까 봐 두려워한다. 농산물 시장이 개방되면 우리의 농민은 모두 실업자가 되며, 식량 안보에도 문제가 생길 것이라고 한다. 일본 문화가 들어오면 우리의 청소년들이 그들의 타락한 문화에 물들어 우리 한국의 장래가 암담해질 것이라고 한다. (⋯⋯) 역사상 나라의 문을 철통같이 닫아놓은 나라치고 잘된 나라는 찾아보기 힘들다. 애써서 문을 닫아놓더라도 결국은 힘에 의해 나라의 문은 열리기 마련이다. (……) 사람들은 그저 정해진 패턴대로 반응하고 있을 뿐이다. 개방이 왜 나쁜지에 대한 이론이 무엇이든지 간에 어쨌든 개방을 막아야 한다는 결론만 있다면 사람들은 그 이론을 받아들인다. 이런 현상은 그것이 정서적인 반응이라는 것으로 밖에는 설명할 수 없다. 누구나 사랑하는 사람을 떠나보내면 슬퍼지듯이 낯선 것의 출현에 불쾌한 감정이 생겨나는 것이다. (……) 하지만 우리는 이성을 지닌 인간이다. 낯선 것에 대한 두려움을 피할 수는 없지만 노력을 통해 극복할 수는 있다. 또 이성을 통해 역사를 배울 수도 있다. 그렇지만 그것을 배우려고 노력할 때에만 가능하다. 굳게 문을 닫고 있는 사회치고 부흥한 예가 없음을 역사가 가르치고 있음에도 불구하고 이를 배우려 노력하지 않는다. 개방에 대한 본능적인 혐오감에 탐닉할 뿐이다."

– 김정호 · 공병호, 『갈등하는 본능』, pp.153–156.

1990년대 초반에는 유통시장 개방으로 관련 업계에 초비상이 걸렸지만, 결과적으로는 까르푸나 월마트와 같은 해외 유수의 기업들이 한국에서 사업을 접고 떠나게 되었다. 반면에 이마트를 시작으로 한국의 유통기업들은 막강한 경쟁력을 확보하게 되었고 이를 기초로 해외 진출에 열을 올리는 실정이다.

역사는 반복되며 그 같은 스토리는 지금도 계속되고 있다. 한미 FTA의 반대에 그처럼 열성적이었던 사람들의 주의주장이나 의식은 놀랍게도 100여 년 전 위정척사를 부르짖던 시대에 비해 크게 다를 바 없다.

34

개방이 가져오는 득실을 꼼꼼히 따져볼 수 있는 논리와 이성을 가진 사람이라면 실증 분석이나 역사적 사례를 통해 '모든 개방은 궁극적으로 선을 가져온다'는 결론을 얻을 수 있을 것이다. 충분한 경쟁력이 생기고 난 다음에 개방하자는 주장은 영원히 그런 상태가 오지 않을 것이라는 사실을 대변한다. 개방 반대론자들이 주장하는 경쟁력이란, 그들이 말하는 것처럼 개방을 막은 상태에서 만들어지는 것이 아니다. 경쟁력이란, 개방을 진행함과 동시에 생존을 목전에 둔 치열한 투쟁의 상태에서 만들어지는 것이다.

의식까지 개방하라

개방은 생각보다 훨씬 긍정적인 효과를 불러온다. 이는 한 사회의 대다수 사람들에게 큰 이익을 안겨준다는 의미도 포함한다. 한 국가의 정책을 판단하는 데는 다양한 기준이 있겠지만 무엇보다 소비자가 누릴 수 있는 선택의 자유를 한껏 높이고 이를 통해 그들이 저렴하고 질 좋은 상품이나 서비스를 소비할 수 있도록 하는 일이다. 이런 기준에서 보면 거의 모든 개방의 반대는 특정 집단이나 그룹의 이익을 위해 소비자들이 보조금을 지불하는 양상을 띤다. 물론 개방을 반대하는 논리는 다양하다. 국민 보건이나 국가 경제의 발전 등 주장이 다양하지만 그 속을 자세히 들여다보면 결국 자신들의 이익을 위해 다수의 소비자들이 높은 세금을 지불하거나 보조금을 지불하게 하는 결과라고 볼 수 있다.

대한민국의 지향점 가운데 네 번째는 사회의 모든 부문에 걸쳐 개방의 수위를 높이는 것이다. 상품이나 서비스뿐만 아니라 인재에 대해서도 문호를 활짝 열어야 한다. 이와 같은 개방은 관련 산업과 사회 전체의 경쟁력을 끌어올리는 효과를 낳을 뿐 아니라 부수적으로 전체의 물가 수준을 크게 낮추는 데 이바지할 수 있다. 예를 들어, 쇠고기 값이 턱없이 비싸면 소비자들은 소득의 더 많은 부분을 쇠고기 구입에 사용한다. 가처분 소득이 줄어들기 때문에 당연히 다른 상품의 구매에 소극적일 수밖에 없다. 다른 사람의 상품이나 서비스를 적게 구입한다는 사실은 그만큼 내수를 침체시킨다는 말이다. 또한 쇠고기 가격이 비싸면 당연히 쇠고기를 원료로 사용하는 음식의 가격이 높아질 수밖에 없다. 이들을 고용하는 기업은 생활비를 보전할 수 있도록 임금 수준을 높여야 한다. 결국 임금 수준이 높아지면 그 기업의 경쟁력은 떨어질 수밖에 없고 높은 임금을 가격에 반영할 수밖에 없다. 쇠고기를 한 예로 들긴 했지만 경제는 이렇게 서로 맞물려 돌아가며 물가 수준을 전체적으로 끌어올린다.

우리의 경제력에 비해 서울의 물가가 턱없이 높다는 보도를 접할 때마다 두 가지 생각이 머릿속에 떠오른다. 하나는 개방의 정도가 낮은 분야에서 비롯되는 높은 물가 수준과 지나치게 높은 특소세나 유류세 등과 같은 세금이며, 하나는 모든 분야의 가격이 최대한 내려갈 수 있도록 상품이나 서비스의 개방 정도를 높여가야 한다는 것이다.

여기서 함께 언급할 것이 있는데, 외연의 확장 못지않게 중요한 것이

내면의 확장이다. 대한민국이 지향해야 하는 뚜렷한 목적지 중 또 다른 하나는 국민 개개인의 의식 개방이라 할 수 있다. 우리만을 중심으로 사고하고 행동하기 보다는 세계 속에서 함께 살아간다는 입장에서 사고하고 행동하는 것이다. 그러기 위해서는 '우리가 최고'라는 지나치게 강력한 민족주의적 색채를 조금은 엷게 희석시켜야 한다.

인류 사회가 지켜야 할 보편적인 원칙을 중심으로 사물이나 사회 현상을 바라보는 것은 의식의 개방 가운데서도 매우 중요한 대목이다. 특히 북한에 대한 관점을 중요한 예로 들 수 있다. '우리는 남이 아니다'라는 지극히 민족주의적인 감상으로 이를 대할 수도 있겠지만, 그보다는 인류의 보편적인 가치인 자유와 기본권을 중심으로 접근하는 방법이 객관적으로 납득 가능한 정책일 것이며 이를 바라보는 세계인의 이해를 구하는 일이기도 하다.

의식의 개방이란 한국인들이 평소 무심코 내뱉는 언어와 해외여행이나 시찰에서 개개인이 보여주는 행동에서도 여과 없이 드러난다. 자신의 역사나 문화에 자부심과 자긍심을 갖는 것은 당연하지만 타인의 눈에 어떻게 비칠지, 그리고 지나친 자국 중심적 사고는 아닌지에 대해 생각해 볼 문제다. 배타적인 생각을 버리는 일은 대한민국이 더 나은 나라를 향해 나아가기 위해 반드시 고려해야 할 대목이다. 물질적인 우위도 중요하지만 타인으로부터 존경받을 수 있도록 사고하고 행동하는 일 또한 중요하다.

이런 개선은 대외적인 관계에서만 필요한 것은 아니다. 내부적으로도 편견과 선입견을 없애고 지역주의를 타파할 수 있다면, 피부색이나 국적 그리고 직업에 관계없이 모든 사람을 공평하게 대할 수 있다. 이런 저런 이유로 행해지는 다양한 종류의 차별을 없애는 일 역시 우리 자신의 내면을 확장하는 일이다.

지속적으로 가치를
창조하는 나라

공급자 중심 교육 시스템을 바꿔야 한다

'세상에 공짜는 없다'라는 말은 개인, 조직, 국가에 모두 적용되는 삶의 진리다. 개개인은 자신의 고객에게 무엇인가 가치 있는 것을 제공할 때 직업인으로서의 삶을 꾸릴 수 있다. 이를테면 고객의 욕구와 필요에 부여한 기여도에 따라 대우가 달라지기 때문에 궁극적으로 스스로가 이러한 기여도를 어디까지 끌어올릴 수 있느냐 하는 점이 가치를 결정한다. 다시 말해 개인의 생산성과 삶의 수준은 중장기적으로 한 개인의 가치창조 능력에 크게 의존한다는 얘기다.

그렇다면 나라의 토대가 되는 개개인의 가치창조를 높일 수 있는 방법은 무엇일까. 자신의 일상을 통해 지속적인 가치를 창조할 수 있도록 스스로를 변화시켜야 한다. 성장을 구현하기 위해 일을 추진하는 방법,

좋은 아이디어를 생각하는 방법, 고객을 대하는 방법, 학습하는 방법, 건강을 유지하는 방법, 타인에게 호감을 제공하는 방법, 중장기적으로 경쟁력을 강화하는 방법 등, 하루의 일상을 무의식적으로 반복할 게 아니라 더 나은 가치를 만드는 개선과 혁신 그리고 창조의 과정으로 삼아야 한다. "어제보다 더 많은 가치를 만들기 위해 오늘 나는 무엇을 해야 하는가?"라는 끊임없는 자기질문을 통해 하루하루 성실하게 다지면 누구나 자신을 혁신가로 변모시킬 수 있다. 직업과 세대를 뛰어넘어 모든 사람들이 '혁신가'라는 개념에 걸맞게 일상의 삶을 통해 자신을 끊임없이 리모델링한다면 대한민국이 지향하는 지속적인 가치창조를 위한 튼튼한 토대가 완성된다.

우리는 종종 교육 투자의 목적을 잊곤 하는데, 교육 투자의 본질적인 목적은 개인의 가치창조 능력을 업그레이드하는 것이다. 그런데 왜 모든 학생이 그 많은 과목을 배워야만 하는가. 공부해야 할 과목수가 많다 보니 정작 반드시 들어야 할 수학과 같은 과목은 기초도 다지지 않은 채 대학에 진학하는 경우가 허다하다. 그래서 한국 학생들의 일반적인 수학 실력 저하에 대해 우려의 목소리가 높고, 대학에서는 별도로 수학과 과학을 가르치기 위해 특별반을 편성해서 운영하기도 한다.

이러한 문제는 공급자 중심의 사고와 교육 투자의 본질이나 목적에 대한 이해 부족에서 기인한다. 시장경제에서 모든 공급자는 수요자의 필요와 욕구에 이바지해야 할 의무가 있다. 자신들의 신념이나 이익에 도움이 되는 의사결정을 수요자에게 강요해선 안 된다. 모든 교육은 중장기적으로 학생들의 가치창조 능력을 더하는 데 초점을 맞춰야 한다. 이런 관점에서 본 현재의 교육 시스템은 상당 부분이 '가치창조'가 아니라 '가치파괴'와 연결되어 있음을 짐작할 수 있다.

　이런 시스템은 과거부터 해온 것이기 때문이라는 핑계 혹은 관련 당사자들의 이해관계가 난마처럼 얽혀 있어서 매년 관행처럼 반복된다. 이런 과정에서 피해를 입는 쪽은 학생들이다. 가치창조에 반드시 필요한 공부는 저버린 채 '쓸모없는 지식'으로 머릿속을 채워야 하니 말이다. 학창시절은 한 개인의 일생에 있어서 가치창조 능력을 폭발적으로 성장시킬 수 있는 최적의 시기다. 그런 때에 '쓸모없는 지식' 습득으로 시간을 낭비하게 되니 과연 이 책임을 누구에게 돌려야 한단 말인가.

가치창조의 관점으로 바꿔라

우리의 교육은 이제 변화를 모색해야 할 때다. 가치창조라는 관점에서 한국 교육의 행정에서부터 현장에 이르기까지 모든 프로세스가 개선과 혁신의 대상이 되어야 한다. 이는 비단 교육부에만 해당하는 이야기는 아니다. 대한민국 사회 구석구석 모든 부분이 지속적인 가치창조를 위해 변화를 찾아야 한다. 다시 말해 대한민국이 나아가야 하는 또 하나의 목적지는 사회 모든 곳곳에서 원활한 가치창조가 지속적으로 이루어지는 나라다. 가치창조는, 가장 낮은 수준의 개선활동부터 시작해 혁신활동 그리고 고객에게 놀라울 정도의 가치를 제공하는 창조활동에 이르기까지 다양한 활동으로 구성된다.

특수 목적을 위해 결성된 조직인 병원이나 시민단체 그리고 각종 비영리단체에게 가치창조란 선택이 아니라 필수다. 최소한 사회에 마이너스적인 요소가 되어서는 안 될 것이다. 실상 많은 조직이 시대와 환경의 변화에 따른 가치창조에 편승하지 못하고 오히려 사회의 가치를 깎아먹는 경우를 볼 수 있다. 좀더 솔직한 표현을 사용하자면 마치 '기생충'과 같다고 할 수도 있지만, 누구도 대놓고 그런 비판은 하지 않는다. 왜냐하면 '그저 좋은 게 좋은 거'라고 생각하기 때문이다. 변신을 통해서도 가치창조에 기여할 수 없다면 그런 조직은 와해시키는 게 당연하다. 그것이 곧 정의로운 일이다. 조금도 가치창조에 기여하지 못하는데도 불구하고 다른 사람들이 만든 가치를 나눠 먹고 있다면 이를 정의로운 일이라고 볼 수는 없지 않겠는가.

비영리단체를 제외한 기업 등의 영리단체 가운데 그런 류의 조직은 거의 존재하지 않는다. 그런 경우의 조직은 퇴출 일순위이기 때문이다. 조직은 더 많은 가치창조를 위해 자신들이 할 수 있는 최대한의 노력을 하고 있는지 끊임없이 체크하고 더 분발하기 위해 고민해야 한다. 우리의 기업은 그동안 저렴한 원가와 뛰어난 품질이란 면에서 세계 소비자들에게 큰 가치를 제공하고 그 덕택으로 우리의 생활수준 역시 보다 나은 쪽으로 발전했다. 그러나 그 누구의 도움 없이 획기적인 기술이나 신상품으로 가치창조에 기여한 경우는 쉽게 찾아보기 힘들다. 물론 최초의 금속활자 등을 예로 드는 사람도 있겠지만, 그건 너무 먼 과거의 업적일 뿐이다. MP3 정도를 그 예로 들 수 있을지는 모르겠으나, 그 또한 정작 돈은 아이팟이 벌고 있지 않은가. 우리는 남의 기술과 아이디어, 제품, 서비스 등을 바탕으로 오늘에 이르고 있다. 가치사슬 면에서 커다란 도약의 활동은 실상 드물다고 할 수 있다.

　대한민국은 개인, 조직, 국가의 성공을 위해서 뿐만 아니라 세계적 관점에서 더 많은 가치를 제공할 수 있는 상품과 서비스, 그리고 아이디어와 기술 등을 개발해 최적의 토대를 만들도록 노력해야 한다. 큰 성과를 이룬 사람들이 성공에 따른 충분한 대가를 누릴 수 있는 제도적 틀을 마련하는 일이 될 수도 있고, 실수나 실패에 대해 사회적으로 격려하고 용인하는 문화, 눈에 보이는 것만 아니라 눈에 보이지 않는 것에서조차 개인의 혁신에 대해 확실한 지적 재산권을 인정하는 제도, 새로움을 창조하는 일에 대해 사회적으로 아낌없는 칭찬과 갈채를 보내는 분위기 등의 요소들이 지속적인 가치창조를 만드는 대한민국의 밑거름이 될 것이다.

원칙과 상식,
법치가 자리 잡는 나라

타인을 무시하는 생존권 투쟁

사람들이 모여 사는 곳은 어디든 시골 장터처럼 시끌벅적하기만 하다.
그러나 그 속에 인정을 나누는 정겨움 따윈 사라진 지 오래다. 곳곳에
서는 이익을 다투는 충돌과 그로 인한 분쟁이 끊이질 않는다. 자신의
믿음과 생각대로 세상이 돌아가지 않는다고 고함을 지르며 악을 쓴다.
그들의 행동양식은 종종 시대의 흐름과 동떨어진 채 의견을 관철시키
기 위해 막무가내로 거리를 점령한다.

　그들 가운데는 아예 생업을 제쳐놓고 자신의 주의나 주장을 관철하
려는 행동을 직업으로 삼는 사람들도 있다. 어디서 활동비가 나오는지
알 수 없는 일이다. 반미(反美)라는 이벤트에 열광해 여중생 효선, 미선
양 사망 사고가 잠잠해지자 평택 미군기지 반대 시위에 나서고, 이 주

제가 시들하다 싶으면 한미 FTA 반대 시위에 열을 올린다. 그들은 오로지 이런 활동을 주도하는 데 자신의 시간과 에너지를 쏟는 사람들이다. 잠시 주춤하는가 싶더니 놀랍게도 샘물교회의 아프가니스탄 인질 사건이 터졌고, 이 사태에 대한 미국 책임론을 이슈화해야 한다는 얼토당토않은 소문이 떠돌기도 한다. 다른 건 그렇다 치더라도 아프가니스탄 인질 사태를 두고 '반미 시위' 거리로 삼으려는 행동은 부끄럽기까지 하다.

민주주의 사회의 속성이 본래 그러해서 타인의 의견이나 주장이 어떻든 서로의 안위나 이익을 침해하지 않는 한에서는 관용으로 대해야 하기 때문에 시위를 일삼는 사람들의 행동을 무조건 탓할 수는 없다. 또 그들의 신념에 반대하는 필자의 주장 역시 반드시 옳다고 만은 할 수 없다. 모든 사람의 생각이나 믿음은 일종의 가설일 수 있어서 절대 진리가 될 수 없다. 때문에 서로의 생각이나 믿음 그리고 신념은 존중해야 하며, 그것이 곧 자유사회가 지니는 건강함이다. 그러므로 절대 진리를 주장하기에 앞서 검증 가능성에 문을 여는 것이 훨씬 바람직하고 성숙한 태도라 하겠다.

단 여기서 주의해야 할 대목은 자신의 권리를 중요시하는 만큼 타인의 권리나 이익에도 침해가 되지 않도록 해야 한다는 점이다. 그러한 바탕 위에 자신의 믿음을 표현하는 것은 자유사회 헌법에서 인정하는 표현의 자유이자 결사의 자유에 해당한다. 그러나 나의 권리나 이익만을 중요시하며 남의 권리나 이익은 하찮게 취급하는 행동은 당연히 문제가 되어야 한다. 자신의 생존권을 위해 타인의 생존권은 아랑곳하지 않는 주장을 선뜻 받아들일 사람은 없다. 이런 경우, 법의 집행을 담당하는 사람들의 역할이 개입될 수밖에 없다.

원칙과 법을 중시하는 자유주의

대한민국은 자유주의 원리를 구현하는 자본주의 사회를 기본으로 한다. 그런 체제하에서 우리는 오늘날의 삶을 만들었다. 대한민국을 움직이는 기본원리는 자유주의다. 개인의 사유재산을 인정하고 계약의 자유를 존중하고 법의 지배라는 대원칙의 약속으르 구성된 체제다. 물론 이런 구성원리를 바꾸려는 세력들이 늘 준동하고 있지만 대다수의 국민들은 아직도 자유주의 원리를 구현한 체제를 인정하고 받아들인다. 그런데 사람들은 자유주의의 실천이 가져다 주는 풍요를 누리면서도 실제로 그것이 정확히 무엇을 뜻하는지 배울 기회를 갖지 못했다. 자유주의에 대해 제대로 이해하기 위해 소설가 복거일 씨의 텍스트를 인용하도록 하겠다.

"자유주의는 정의하기가 쉽지 않다. 무엇보다도 그 말을 쓰는 사람에 따라 뜻이 상당히 달라지기 때문이다. 그래서 자유주의자를 먼저 정의하고 그가 추구하는 이념을 묘사하는 것이 오히려 경제적이다.

자유주의자는 개인적 자유에 특별한 가치를 두는 사람이다. 그래서 그는 개인들이 자유롭게 선택하는 것을 방해하는 인위적 장애들을 되도록 줄이는 것이 중요하다고 믿는다. 여기서 자유는 '소극적 자유(negative freedom)'를 뜻한다. 즉 다른 사람들로부터 간섭을 받지 않는 상태를 가리킨다. 이 개념은 무엇을 할 수 있다는 뜻을 지닌 '적극적 자유(positive freedom)'와 대비된다.

이런 자유주의자의 모습에서 '사회적 강제를 되도록 줄여서 개인들의 자유를 한껏 보장하는 것이 옳다'는 주장이 도출된다. 그런 주장이 바로 자유주의다. 자유주의자들은 사회의 움직임에서 사회적 선택들을 되도록 줄이고 개인적 선택들을 한껏 늘려야 한다고 믿는다. 개인적 선택들은 흔히 '시장'이라 부른다. 사회적 선택을 수행하는 기구는 정부다. 그래서 자유주의자들은 정부의 몫을 되도록 줄이고 시장의 몫을 한껏 늘려야 한다고 늘 외친다."

– 복거일 · 김정호 · 박효종 외, 『21세기 한국』, pp.101−102.

의도적이고 조직적으로 자유주의 원리를 허물어뜨리는 행위에 대해 한국 사회는 단호함과 엄격함을 보다 강하게 유지해야 한다. 스스로 책임질 수 없는 주장이나 행동을 아무렇지 않게 일삼고 또 이런 행위에 제재를 가하지 않는 것을 보면 실로 당혹감을 감출 수가 없다. 예를 들자면 기업의 노동쟁의 사례가 그러하다.

한 기업의 사업체란 무엇을 말하는가? 이는 자본을 투자한 다수 투자자의 재산이다. 그렇다면 노동쟁의라 하더라도 불법으로 사업장을 점거하고 이를 무기로 자신의 요구를 관철하려는 방법은 묵과하기 어렵다. 혹자는 이러한 관점을 두고 자본의 이익을 보호하기에만 급급하다고 비난하겠지만 이는 자본의 이익 이전에 원칙과 법의 지배라는 관점으로 이해해야 한다. 엄밀하게 말해서 불법으로 사업장을 점거하고 타인의 재산에 손해를 입히는 행위는 심각한 재산권 침해 행위다. 지나가는 행인의 재산을 강탈하는 행위는 범죄로 규정하면서, 그와 비교할 수 없을 정도로 큰 규모의 피해가 발생하는 부당한 사업장 점거에 대해서는 왜 미온적인 태도를 취하는 것일까? 이따금 원칙과 법이 지나치게 경시되는 것에 대해 이해하기 힘들 때가 있다.

사회는 제각각의 이익이 첨예하게 부딪힐 수밖에 없기 때문에 어느 사회든 기강이 필요하다. 이를 중재할 수 있는 것이 곧 사람들의 상식이기는 하지만 법의 잣대와 법이 제공하는 상식, 그리고 개인적인 양심과 양식에 의존하기에 인간의 이기심은 상상 그 이상이다. 특히 스스로의 행동에 대한 책임감을 묻지 않을 경우 이기심은 무한대로 퍼져나가 거침없이 분출된다.

반복적으로 노사분규가 발생하는 장치산업의 성격이 강한 기업들을 보라. 그곳에는 파업을 해야 할 충분한 인센티브가 존재한다. 산업을 점거할 수 있는 노조원들은 파업을 통한 무리한 요구로 경영자를 압박해 특별한 이익을 얻는다. 그리고 이따금 불법적인 행위를 하더라도 정치적인 이유 때문에 공권력이 쉬이 개입하지 못하고 노사가 알아서 처리하는 방향으로 유도하는데, 이럴 경우 노조원들은 대부분 큰 이익을 얻는다. 게다가 불법적인 파업을 통해 기업의 이해당사자들에게까지 큰 피해를 입히게 되는데, 이때 역시 민형사적 책임을 면죄 받는다면 결국 시위와 파업의 악순환은 반복될 수밖에 없다.

　이런 경우 자신의 행위에 책임을 지지 않는 상황 전개는 중요한 의미를 지닌다. 습관적으로 불법을 자행하는 사람들은 스스로의 행동에 대해 객관적 판단을 잃기 때문이다. 이따금 불법 시위 이후의 거리풍경을 마주할 때가 있다. 주변 상가가 심하게 훼손되어 피해액이 엄청난데도 대부분은 그냥 묵과하고 만다. 필자의 가치판단으로 미루어 반드시 책임을 따져 물어야 하는데도 말이다. 단 한번이라도 이러한 행위에 대해 민형사상의 책임을 엄격하게 묻는다면 대부분의 폭력 시위는 사라지게 될 것이다. 사람들은 책임추궁에 민감하게 반응하기 때문이며, 더욱이 돈으로 보상을 해야 하는 상황에 처하면 사람들의 행동은 180도 달라진다. 치러야 할 아무런 대가도 없다고 생각하기 때문에 막무가내의 행동을 일삼는 것이다. 한마디로 원칙과 법을 엄격하게 다스리지 않는 사회는 사람들의 무책임한 행동을 오히려 유도하는 결과를 낳는다.

극복해야 할 대충주의

타인의 권리를 침해하지 않는 일, 타인에게 폐를 끼치지 않는 일은 사회를 구성하는 사람들이라면 누구나 함께 지켜야 할 사항이다. 하지만 이러한 원칙과 법을 지키는 일은 어느 날 갑자기 이뤄지지 않는다. 이는 자연스럽게 몸에 배어들어야 하는 일종의 습관이다. 세상이 날로 좁아지고 서로 함께 일을 해야 하는 경우가 많아지면서 원칙과 법의 존중이라는 토대는 점점 그 중요성을 더해간다. 이때 우리가 자주 혼동하는 것 중 하나가 자유주의와 민주주의에 대한 오해다. 자유주의와 민주주의를 명확하게 구분하지 못할 때 방종이나 방임에 대한 문제가 발생한다. 복거일 씨는 자유주의와 민주주의의 구분에 대해 다음과 같이 정리한다.

"모든 사람들이 법 앞에서 평등해야 하고 정치적 권리를 함께 누려야 한다고 주장하는 점에서, 자유주의와 민주주의는 같은 자리를 차지한다. 그러나 그 둘은 본질적으로 다르니, 자유주의는 사회원리의 성격에 관한 이념이고 민주주의는 그 원리를 결정하는 방법에 관한 이념이다. 자유주의 사회철학자 하이에크의 표현을 빌리자면 '자유주의는 법이 어떠해야 하느냐 하는 문제에 관한 교리고, 민주주의는 무엇이 법으로 되느냐를 결정하는 교리' 다. 그래서 자유주의자들은 정부의 강제력을 제한하는 것에 관심을 쏟고, 민주주의자들은 다수 의견을 따르는 것이 이상적 상태라 믿는다. 자유주의의 반대는 전체주의이고, 민주주의의 반대는 권위주의이다."

– 복거일 · 김정호 · 박효종 외, 『21세기 한국』, pp.102.

대통령이 마치 고대나 근대의 제왕이기라도 한 듯 특별한 날만 되면 사

한국, 10년의 선택

면권을 남발하는 일이 하나의 해프닝처럼 느껴질 때가 있다. 죄를 지으면 누구든 법 앞에 평등하게 죄 값을 치르는 일은 너무도 당연하다. 대통령이 법에 대한 특권을 가진 것처럼 행동한다면 이는 법의 경시 혹은 원칙의 경시를 촉진하는 일이다.

대한민국의 지향점은 원칙과 법의 지배를 더 확고하게 다지는 것이다. 그러니까 원칙과 상식 그리고 법의 지배가 자리 잡은 나라로 나아가야 한다. 가장 기초적인 질서부터 시작해 타인의 권리와 재산을 침해하는 일에 대해 단호한 원칙을 세워야 한다. '이 정도쯤이야 봐주겠지' 하는 대충주의에서부터 모든 문제가 시작된다는 사실을 가슴에 새겨 스스로의 행동에 책임을 져야 할 것이다. 자유주의의 원리가 올바르게 실현되는 나라를 향해 나아가는 것, 그것이 바로 대한민국이 지향해야 하는 또 하나의 길이다.

품위와 품격을 유지하는 나라

국가의 품격을 결정하는 인격

사람에게는 인격이 있으며, 이는 타고나기보다 후천적인 자각과 훈련을 통해 만들어지는 경우가 대부분이다. 스스로의 삶에 자존감이나 자긍심을 가진 사람들은, '내가 대접받고 싶은 만큼 타인에게 대접하라'는 삶의 황금률에서 인격이 나온다는 사실을 잘 안다. 그래서 인격을 키우고자 하는 사람에게 절제, 헌신, 배려, 관용은 자연스럽게 갖춰야 할 부분이다.

이따금 우리는 피부색이 다르거나 못사는 나라 출신이라는 이유로 차별을 일삼는다. 뿐만 아니라 우리보다 조금이라도 생활수준이 낮은 나라로 해외여행을 갈 경우 안하무인으로 행동하는 한국인에 관한 보도나 실제 사례를 목격할 때가 있다. 또한 현지의 관습이나 문화를 무

한국, 10년의 선택

시함으로써 갈등과 분쟁을 불러일으키기도 한다. 이러한 개개의 인격이 하나둘 모여 나라의 품격을 결정한다. 한 국가에 대해 우선적으로 떠올리는 이미지가 이런 과정을 통해 만들어지는 것이다. 대한민국의 지향점은 개인뿐만 아니라 나라 전체가 품위와 품격을 갖추는 일이다. 물질적인 생활수준을 향상시키는 일뿐만 아니라 다른 나라 사람에게 존경받을 수 있는 개인이나 나라를 만드는 일 말이다. 김구 선생의 『백범일지』에 등장하는 다음과 같은 내용은, 세월을 뛰어넘어 우리가 추구해야 할 국가의 모습이 어떤 것인지 가르친다.

"나는 우리나라가 세계에서 가장 아름다운 나라가 되기를 원한다. 가장 부강한 나라가 되기를 원하는 것은 아니다. 내가 남의 침략에 가슴이 아팠으니, 내 나라가 남을 침략하는 것을 원치 아니한다. 우리의 부력(富力)은 우리의 생활을 풍족히 할 만하고, 우리의 강력(强力)은 남의 침략을 막을 만하면 족하다. 오직 한없이 가지고 싶은 것은 높은 문화의 힘이다. 문화의 힘은 우리 자신을 행복하게 하고, 나아가서 남에게 행복을 주기 때문이다."

아름다운 나라는 과연 어떤 나라일까? 당연히 존경받을 수 있는 인격과 국가의 품격을 갖춘 나라일텐데, 이를 갖추는 일은 크게 어렵지 않다. 우선 우리의 일상에서 일어나는 일들이 합리와 이성에 바탕을 두도록 하며, 무리한 요구나 상스러운 언행 그리고 부당한 행동들이 가능한 생겨나지 않도록 주의한다. 품격은 함께 사는 사회 속에서 일상적인 삶을 통해 만들어진다.

자신의 재산이나 권리가 중요하듯 타인의 재산과 권리를 중요하게 여기는 일, 어려움이나 재난을 입은 사람들을 자발적으로 돕는 일, 기초질서에 필요한 규칙을 지키는 일, 불법적이고 파괴적인 행동을 자제하는 일, 무리지어 점거하거나 소란스러움을 만드는 것 자체를 부끄러워하는 일, 기만이나 사기 그리고 속임수를 행하지 않는 일, 꽁초나 가래 그리고 침을 뱉지 않는 등의 사소한 일, 머물렀던 자리가 아름다울 수 있도록 뒷마무리를 잘하는 일, 자신이 책임져야 할 일을 다른 사람에게 미루지 않는 일 등을 실천하면 된다.

사소하지만 소중한 이런 일들을 하나하나 실천하면서 사람은 인격을 갖추게 된다. 이는 곧 개개인이 스스로를 존경받는 사람으로 만드는 일상적인 과정이다. 그러나 우리의 실상은 이따금 이런 기대와 정반대로 흘러갈 때가 있다. 황우석 박사의 실상이 바깥 세상에 그대로 노출되었을 때 김수환 추기경은 세상 사람들 앞에 낯을 들 수가 없다는 말로 자신의 심경을 대신했다. 정직과 거짓에 대해 많은 사람들이 깊이 숙고했던 대형 사건이었다.

보편적 가치를 추구하는 한국

세계인의 눈에 비친 한국인의 이미지가 긍정정인 것만은 아니다. 붉은 조끼에 붉은 띠를 두르고 일사불란하게 구호를 외치는 시위 현장의 모습은 대한민국의 이미지를 구축하는 데 결정적인 요소로 작용한다. 좋은 물건과 서비스 생산으로 쌓아놓은 힘든 노력이 때만 되면 터져 나오는 호전적인 구호나 운동으로 인해 한순간에 무너지거나 원위치 되는 악순환이 전 세계 사람들에게 보도되기 때문이다.

막대한 투자를 하면서까지 CI를 바꾸는 기업의 이미지 만들기 노력은 이미지의 중요성을 증명한다. 이론이나 논리 이전에 사람의 머릿속에 우선적으로 떠오르는 것은 이미지다. 그렇기 때문에 이미지를 개선시키려 노력하고 이에 앞서 이를 악화시키는 결정적 요인을 찾는 것 또한 중요하다. 예를 들면, 호전적이고 무례한 한국 또는 한국인이라는 이미지를 씻어버리고, 또 불미스러운 일에 간여함으로써 습관적으로 '어글리 코리안'이라 불리는 해외에서의 이미지를 쇄신하는 것 등이다.

대한민국이 품격 있는 나라로 비춰지기 위해서는 인류의 보편적 가치에 대한 믿음과 이를 실현하려는 노력을 경주하는 나라임을 보여줘야 한다. 보편성이란 모든 인간이 누려야 할 권리를 의미한다. 우리가 도움을 받았던 것처럼 그런 권리를 침해당한 사람들을 위해 우리의 여력 내에서 도움을 줄 방법을 찾아 실천에 옮겨야 한다. 아프가니스탄의 인질 사태로 주춤해지긴 했지만, 지나치게 과열되지만 않는다면 가난하고 소외된 나라를 돕는 운동은 바람직한 이미지 구축이다.

보편적 가치란 그렇게 먼 이야기가 아니다. 우리나라의 통일 문제에 대해 실용주의적 입장에서 다루어야 한다고 생각하는 사람들이 많다.

그러나 다른 시각에서 보면, 민족이라는 인위적인 개념보다 북한의 주민 개개인이 인간으로서 누려야 할 권리라는 더 근원적인 개념을 중심으로 문제의 실상에 접근해야 한다. 아프리카나 중동의 소외된 사람들을 돕는 것처럼 굶주림에 시달리는 북한의 주민을 돕는다는 관점으로 접근하면 내부적 갈등을 줄일 수 있다. 이는 실용성 여부를 떠나 정의로운 선택의 한 방법이다. 세상사는 이를 바라보는 잣대가 중요하며 여기에는 필연적으로 가치관이 개입될 수밖에 없는데, 이때 올바르지 않은 가치관이 개입되면 곧 정치적 조작과 타협이 생겨난다.

오늘날의 우리가 존재하는 데에는 주변 국가의 많은 도움이 있었던 것처럼, 이제는 우리 스스로가 소외된 국가의 어려운 사람들을 위해 도움의 손길을 내밀어야 한다.

보편적 가치의 실현을 위한 노력은 당연히 존경을 불러온다. 주변 국가의 역사적인 분쟁이나 문제들 또한 보편적 가치라는 잣대와 이웃이라는 관점으로 접근해야 한다. 이러한 관점에서 벗어나 실리적인 목적으로 시행한 외교정책이 술렁거리는 상황을 보면 역시 '보편성만이 영원하다'는 생각을 하게 된다. 국제관계에 있어서 실리 부분을 배제할 수는 없겠지만, 과연 어떤 나라가 문화적으로나 역사적으로 보편성의 원칙을 철두철미하게 견지해왔는지를 꼼꼼하게 따져봐야 할 것이다. 작은 이익에 연연하지 않고 신뢰하고 존경받을 만한 품격을 갖춘 국가 이미지 형성을 위해 대한민국은 달리고 또 달려야 한다.

국어와 영어가
자유롭게 통하는 나라

영어 공용화는 선택이 아닌 필수다

모국어와의 만남은 운명이다. 다행히 모국어가 세계 공통어라면 이는 크나큰 행운이 아닐 수 없다. 그러나 세상 모든 사람들이 이와 같은 행운을 누릴 수 없다는 게 안타까울 뿐이다. 한국어 사용자 수는 남북한과 해외 교민을 포함해 약 8천만 명 정도에 이른다. 한때는 일본어 학습이 인기를 누렸고 지금은 중국어를 배우는 인구가 부쩍 늘고 있지만, 세계어로서 영어의 지배적인 위치는 아직 따르지 못하고 있다.

세상이 점점 더 지식 중심의 세계로 나아가고 있음을 고려할 때 영어 구사력을 가진 사람들이 누릴 수 있는 혜택은 더욱더 커질 수밖에 없다. 물론 상업적인 면에서 중국어의 위상은 계속 강화될 것이다. 세계 경제에서 중국이 차지하는 비중이 계속해서 늘고 있는 추세이기 때문이다. 하지만 지식과 정보를 매개하는 언어가 영어라는 사실에는 큰 변화가 없다. '네트워크 효과'가 더없는 위력을 발휘하고 있는 시점에서 영어 사용의 편리함은 커다란 이점을 지닌다.

이런 면에서 볼 때 비영어권 국가들과 마찬가지로 한국이 지불해야 하는 비용은 무척 크다. 이익과 비용에 민감할 수밖에 없는 한국 기업들은 이미 변화의 최전선에 서 있다. 해외업무 영역이 늘어나고 있는 실정에서 기업 내부의 커뮤니케이션에 따르는 비용 때문에 영어와 한국어를 함께 사용하는 공용어정책을 도입하거나 도입을 검토하고 있는 기업이 늘고 있다. 한 가지 변수는 한국 기업에 의한 해외 기업의 매수 합병이 늘어나게 되고 한국 기업의 해외사업 영역이 확대되면서 기업 내부의 영어 공용화는 더욱더 탄력을 받게 된다.

한 사회가 언어정책에 큰 변화를 모색하는 것은 단순히 경제적인 논리 이외에 정치·사회·문화적으로 복잡한 갈등 요인을 부른다. 그래서 모두가 인식하고 있음에도 불구하고 대놓고 언어정책을 바꾸자는 주장을 펼치지는 않는다. 그러나 이와 같은 현상은 이미 거스를 수 없는 대세다. 바깥 사정의 움직임을 상대적으로 잘 파악해 경제적인 기회를 잡는 데 성공한 사람들의 선택은 자식 교육에 그대로 반영되고 있다. 자식의 교육 문제에서 옳고 그름이나 민족적인 정서까지 함께 고민하지는 않기 때문이다. 무조건 자식이 잘되기만을 바라는 것이 부모의 심정이니 말이다.

영어를 유산으로 물려주어야 한다는 주장에 많은 사람들이 거부감을 드러내는 것은 당연한 일이다. 그러나 이러한 주장은 자식의 미래를 걱정하고 대비하는 많은 부모들이 이미 조기유학이라는 선택을 통해 온몸으로 보여주고 있다. 필자 역시 다른 지식 근로자들과 마찬가지로 언어를 매개로 지식을 생산하고 판매하는 직종에 종사한다. 영어 구사력에 따라 개개인이 받게 되는 격차가 얼마나 큰지 알고 있는 필자로서는 지나간 날들이 아쉽기만 하다. 보수의 격차가 얼마나 큰지, 활동무대가 얼마나 넓어질 수 있는지, 즐길 수 있는 문화 콘텐츠의 폭과 깊이가 얼마나 확대될 수 있는지, 자신의 분야에서 얼마나 주도적인 역할을 담당할 수 있는지, 친구와 동료 간의 교류가 얼마나 넓어질 수 있는지 등등, 이루 헤아릴 수 없을 정도다. 그래서인지 좀더 넓은 활동무대에서 보다 역동적으로 활동을 할 수 있었을 텐데 하는 아쉬움이 든다.

영어 공용화는 있을 수 없는 조치라고 노발대발하는 사람들이 있다. 일단 민족이란 개념이 자리하기 시작하면 그 다음 논의는 빛조차 보지 못한다. 그러나 한 가지 유념해야 할 것은, 나라가 이런 조치를 취하든 아니든 뜻있는 사람들은 이미 보다 밝은 자신의 미래에 초점을 맞춰 이를 실행하고 있다는 점이다. 이는 부모의 경제적 위치에 따른 서열을 공고히 하는 일이다. 실상과 명분은 이처럼 충돌을 피할 수 없는 경우가 허다하다. 우리가 공통으로 심사숙고해야 하는 것은 아이들에게 어떤 미래를 물려주고 싶은가에 대한 답이다.

그 아이들의 미래를 위해서라도 모국어와 영어의 소통이 가능한 나라를 만들어야 하는데, 지금과 같은 언어정책을 고수하는 한 영어를 중심으로 신분이 나뉘는 상황은 더욱 고착화될 수밖에 없다. 영어교육에 적극적인 부모를 만나 어린 나이에 일찍 영어 핸디캡을 극복한 사람과 그렇지 못한 사람 사이에는 출발 선상부터 메울 수 없는 격차가 존재한다.

영어공부를 할 수 있는 결정적인 시기를 놓쳐버린 사람들은, 정작 자신의 학업이나 직업에 필요한 지식을 습득할 시기에 영어공부에 엄청난 시간과 노력을 투자하고 있는 게 지금 우리의 현실이다. 대학의 도서관을 방문해 보라. 학과공부보다는 영어공부를 위해 대부분의 시간을 쏟고 있는 학생들이 태반이라는 사실을 실감할 것이다. 이와 같은 현상은 30여 년 전 필자가 대학을 다니던 시절과 크게 다르지 않다. 우리나라 학생들이 공부를 열심히 하지 않는 것은 아니다. 문제는 우리의 시스템 자체가 외국어 습득 면에서 대단히 낙후되어 있다는 점이다. 어린 시절에 집중적으로 영어에 노출될 수 있는 환경을 조성하고 영어몰입 교육 등과 같은 방법을 조기에 도입하는 일이야말로 다음 세대를 위해 우리가 할 수 있는 최선의 준비라고 할 수 있다. 그들이 미래를 보다 당당하게 살아갈 수 있도록 도구와 수단을 마련해 주는 것이다.

우리의 아이들을 결코 내수형 인재로 머물게 할 수는 없다. 더 넓은 세상에서 자신의 가능성을 마음껏 발휘할 수 있도록 그들에게 날개를 달아주어야 한다. 이는 국가가 나서서 결정해야 할 문제다.

1990년대 인기 가수이자 뉴욕에서 음반기획자로 활동하고 있는 JYP 미국법인의 박진영 대표 인터뷰를 본 적이 있다. 가수 비(정지훈)가

2006년 뉴욕 메디슨 스퀘어 가든 공연을 준비할 때의 일이다. 그는 뉴욕타임스에 기사가 나가고 난 다음 미국 주요 방송국의 인터뷰가 쇄도했지만 영어가 결정적인 걸림돌이 되었다고 회고한다.

"비를 키우면서 딱 한 가지 후회되는 일은 1년만 영어공부를 시켜 데뷔시킬 걸 하는 점이다. 공연을 앞두고 뉴욕타임스에 기사가 나간 뒤, 미국의 유명 방송사에서 물밀듯이 출연 섭외가 쏟아졌는데 통역이 필요하다고 하자 모두 물러섰다. 그때 비가 영어만 할 줄 알았다면 끝까지 달려갈 수 있었다."

– 최승현, '2년 내 미국시장 장악할 글로벌스타 만들겠다', 〈조선일보〉, 2007. 7. 1.

우리 주변에는 창의적이고 발랄한 아이들이 많다. 그들이 세계 시장을 상대로 자신의 재능을 한껏 펼치는 데 필요한 능력이 영어 구사력만은 아니다. 그러나 기본적인 언어가 해결되지 않는 한 다음 단계로 넘어갈 수 없다는 것이 문제다. 삼성디자인연구소의 초청으로 미국 팔로앨토에 있는 최고의 디자인 기업 IDEO사의 총괄책임자인 마르쿠스 디벨 씨가 한국을 방문한 적이 있다. 그는 인터뷰 중, 한국의 젊은 디자이너들 가운데 미국 시장을 노크해 보고 싶은 사람들이 많은데 어떻게 생각하느냐는 질문에 다음과 같이 답했다.

"문제는 영어입니다. 재능은 다음이에요. 좋은 디자인 회사일수록 대화를 통해 생각을 나누면서 작업을 진행합니다. '언제까지 무슨 일을 해놓으라'는 지시는 IDEO에 없습니다. 좋은 디자이너인데 잘 소통할 수 없다면 유능한 디자이너는 되기 어렵습니다. 최고의 디자이너와 디자인 회사는 어떤 스타일을 만드는데 그치지 않아요. 고객(기업)의 비전과 전략, 브랜드를 디자인합니다. 완벽하게 소통할 수 없다면 불가능한 일이죠."

— 손택균, '초대석-미국 최고 디자인 기업 IDEO 총괄책임자 마르쿠스 디벨', 〈동아일보〉,
2007. 5. 8.

대한민국은 이제라도 효과적인 영어학습 방법을 제시해야만 한다. 구체적인 방법에 대한 논의나 연구가 필요하겠지만, 교육 현장에서부터 영어를 학습언어로 받아들이는 시도가 필요하다. 궁극적으로 한국어라는 모국어와 영어라는 외국어가 자연스럽게 공존하는 그런 나라를 지향하는 것이 우리의 목표다. 오랜 시간이 걸리고 반대도 만만치 않겠지만 그 길만이 대한민국의 미래가 걸어가야 할 방향이다.

역동적인 나라를 향한 도전

어디를 향해 가야 할지를 분명하게 정의하고 나면 이를 달성하는데 걸림돌이 되는 문제와 그 문제의 해법을 보다 쉽게 구할 수 있다. 이러한 과정 중 가장 중요한 것은 나아가야 할 방향과 목적지를 뚜렷하게 드러내는 일이다.

외환위기 이후 지난 10년 동안 우리는 두 번의 정권 교체를 경험했고 그때마다 국가의 방향성과 정체성은 번번이 흔들렸다. 정권을 잡는데 성공한 사람들은 나름의 구호나 슬로건 그리고 국정지표를 내놓았지만 이벤트적인 성격에서 크게 벗어나지 못했다. 게다가 잔뜩 화난 모습과 뒤틀린 생각으로 과거를 돌이키다 보니 있는 그대로의 성취보다도 비판과 비난 그리고 과거사 정리에 더 많은 관심을 기울인 게 사실이다. 결과적으로 더 역동적인 나라가 될 수 있음에도 불구하고 현상유지와 안정을 구하는 사람들이 크게 늘어나게 되었다. 물론 계중에는 큰 성장의 과실을 수확한 사람들도 있겠지만 보통 사람들이 온몸으로 느끼는 살림살이는 크게 나아지지 않아 아쉬움을 토로하는 경우가 태반이다.

이제 우리는 또다시 대선을 거쳐 새로운 정권을 맞이하게 된다. 이쯤에서 대한민국이 추구해야 할 목적지를 뚜렷이 정하는 작업과 이를 나라의 구성원과 공유하는 일은 그 어떤 사안보다 중요하다. 이 작업이 우선적이고 정확하게 이루어지고 나서야 그에 따른 문제와 해결방안을 찾아낼 수 있기 때문이다.

뚜렷한 목적지를 정하는 일은 누가 이 나라를 이끌 수 있는 최적의 지도자인지 그리고 어떤 정당이 올바른 정당인지에 대한 길잡이 역할을 대신한다. 한 나라의 지도자를 자청하는 사람들의 비전과 정책에는 어떤 방향으로 나라를 이끌겠다는 계획이 그대로 담겨 있기 마련이다. 화려한 미사여구를 뛰어넘어 국가의 미래에 대해 진정한 콘텐츠를 갖고 있는지를 파악하는 데도 도움이 된다.

짧게는 현명한 지도자의 선택에서부터 길게는 향후 10여 년간 한국인들이 만들어갈 국가의 지향점을 다음과 같이 요약할 수 있다. 멋진 나라로 거듭나기 위해 대한민국이 지향해야 할 목적지다.

●첫째, 고도성장을 지속하는 나라 – 먹고살 만한 수준에 기대치를 둘 것이 아니라 역동적으로 성장하는 위대한 나라를 만들자!

- 둘째, 기업가정신을 귀하게 여기는 상인의 나라 – 공리공론을 앞세우고 엉뚱한 짓에 시간과 에너지를 투입하기보다도 최고의 가치를 만들기 위해 현장에서 헌신하는 사람들을 우대하는 사회로 나가자!
- 셋째, 성장의 기회가 넘치는 매력적인 나라 – 어느 곳을 가더라도 누구를 만나더라도 매력이란 단어를 떠올릴 수 있는 그런 국가를 만들자!
- 넷째, 안과 밖이 모두 열린 나라 – 꽉 막힌 사고와 비합리적인 행동보다는 개방적인 사고와 행동으로 개인, 조직 그리고 국가 모두 문호를 활짝 열어 공정한 경쟁을 통해 스스로의 경쟁력을 올리기 위해 최선을 다하자!
- 다섯째, 지속적으로 가치를 창조하는 나라 – 무위도식으로 남에게 기대어 적당히 먹고사는 사람들이 스스로 부끄러움을 느낄 수 있도록 지속적인 가치창조 활동이 우대받는 그런 제도와 분위기를 만들자!
- 여섯째, 원칙과 상식, 법치가 자리 잡는 나라 – 과거에 뒷덜미를 잡히기보다는 미래를 향해 뛰어가자!
- 일곱째, 품위와 품격을 유지하는 나라 – 국제 사회로부터 존경받고 스스로 책임질 수 있는 품위 있는 나라를 만들자!
- 여덟째, 국어와 영어가 자유롭게 통하는 나라 – 다음 세대는 더 많은 인구가 글로벌 시장을 상대로 자신의 기량을 뽐내고 발휘할 수 있도록 언어정책에 일대 전환을 모색해 다음 세대에게 새로운 환경을 제공하도록 기초를 다지자!

2 부

한 국 의 현 재,

무엇을 바꿔야 하는가

빈곤한 생각

잘못된 역사 인식

'번영은 정신적 구축의 산물이다'

이는 한 나라가 잘살고 못사는 요인이 부존자원의 많고 적음에 있는 것이 아니라 국민들이 어떤 생각을 갖느냐에 따라 달라진다는 상징적인 의미다. 우리 사회는 점점 더 향상하고 있으며 앞으로도 그럴 것이다. 하지만 문제는 그 속도와 정도에 있다. 이를 방해하는 요인 중 가장 먼저 지적할 부분은 '철학(사상)의 빈곤'으로 인한 결과들이다.

자유민주주의 사회에서 다양한 주장과 의견이 엇갈리는 것은 너무도 당연하다. 그럴수록 필요한 것은 참과 거짓의 진실을 구분하는 능력이다. 이질적 정치세력들은 실현 불가능한 주장을 화려한 언변으로 포장해 국민을 현혹하고 정권을 장악한다. 특히 오늘날처럼 모든 것이 즉각

적이고 즉흥적으로 이뤄지는 경우는 더하다. 인터넷의 활성화로 홍수처럼 쏟아지는 정보와 급격한 전파 속도는 여론을 조작하는 등의 부정적 사례를 만든다. 스스로의 사고가 제대로 정립되지 않은 사람들이 기만당할 가능성이 한층 높아진 것이다. 인터넷, 텔레비전, 휴대전화 등등의 일방적으로 정보를 퍼부어대는 메커니즘 앞에서 우리는 깊이 생각할 여유조차 없다. 그래서인지 고학력자라고 해도 자신만의 철학적 사고를 가지고 있는 사람을 만나기란 쉬운 일이 아니다.

이런 상황에서 소수의 조직화된 세력들은 여론을 조작하고 이를 토대로 정권을 휘어잡아 자신들의 의도대로 나라를 이끈다. 그 의도의 십중팔구는 국민들의 실질적인 바람과 거리가 멀다. 예를 들면, 지나친 평준화를 사회 각 분야에 주입하기 위해 열성을 보인다거나, 폭정을 기초로 하는 또 다른 정권을 무원칙적으로 도와 연장하는 일, 증세(增稅)로 사람들의 의타심을 높이는 일 등이 그렇다.

인간의 이기적인 속성을 고려할 때, 현대 기술을 도구로 이용하는 것 자체를 막을 수는 없다. 그렇기 때문에 더더욱 철학적 사고가 요구되는 것이다. 그들의 불순한 의도를 막고 변화시킬 수 있는 것은 오직 국민들의 현명한 판단이기 때문이다. 허황한 공약에 미혹되지 않고 옳고 그름을 판단할 수 있는 국민들의 존재만큼 한 나라의 번영을 좌지우지할 수 있는 것은 없으니 말이다.

해방 이후 60여 년의 한국 역사에 대해 부정적인 견해를 갖는 사람들이 많다. 하지만 부분적이나마 자유주의 원리가 구현되어 국민들이 짧은 시간에 절대빈곤에서 벗어나 기본적인 의식주 해결뿐만 아니라 인간적인 삶을 누릴 수 있는 기초를 마련한 역사 발전의 시간이라고 볼 수도 있다. 운이 좋아서가 아니라 한국인들의 철학적 사고와 노력에서 비롯된 승리인 것이다.

역사 속의 자유주의 전통

국가가 모든 것을 계획하고 그 계획에 따라 자원을 배분하는 강력한 계획경제 국가에서 성장한 사람들은 인간다운 삶을 누릴 수 없다. 아무리 근사한 명분으로 출범하는 권력도 의회민주주의와 삼권분립에 기초한 권력에 대한 견제가 존재하지 않으면 타인이 가진 재산을 탈취하고 싶은 본능에서 결코 자유로울 수 없기 때문이다.

우리 역사에서 자유주의의 전통을 찾기란 쉽지 않다. 조선 말기 위대한 선각자로 불리는 다산 정약용 선생의 걸출한 학문적 업적 역시 전통적인 왕조 지배를 인정한 사상에서 출발한다. 탁월한 학자였지만 자신이 처한 왕정이라는 시대 상황의 한계를 벗어날 수는 없었을 것이다. 한국에서 부분적인 자유주의 역사는 해방 이후 남북한이 나뉘면서 시작되었다고 해도 무리가 아니니, 그 역사는 참으로 짧다고 하겠다.

비록 완전하지는 않지만 한반도 이남에 있는 사람들의 번영은 부분적이나마 자유주의 원리를 기초로 하는 체제를 구축하는 행운을 만날 수 있었기 때문이다. 그러나 이따금 가장 압제적인 정권에 대한 찬양을 신앙의 교조처럼 반복하는 이해할 수 없는 지식인을 만날 때가 있다. 물론 의견과 주장의 다양성을 인정하는 나라이니 만큼 다른 의견에 관용의 자세를 가져야 하겠지만, 그렇더라도 개개인의 헌신과 노력보다 훨씬 근본적인 번영의 토대는 바로 자유주의에 기초한 체제를 유지하는 일이라는 사실을 잊어서는 안 될 것이다. 번영의 토대는 생각보다 허약해서, 자유주의에 대한 믿음을 버릴 때 모든 것을 잃을 수도 있기 때문이다.

선거를 통해 권력에 정당성을 부여하는 자유민주주의 체제에서는 국민들이 원한다면 체제의 성격도 변질될 수 있다. 체제는 공공재이기 때문에 사적인 이익에 골몰해 살아갈 수밖에 없는 보통 사람들은, 소수의 맹렬한 활동에 의해 전혀 의도하지 않은 쪽으로 체제가 흘러갈 수 있다는 사실을 경계하지 않으면 안 된다. 이 사회 체제에 불만을 가진 사람들의 숫자가 얼마나 되는지는 알 수 없다. 하지만 소수의 활동가들은 다양한 선전과 선동으로 사람들을 혼란에 빠뜨려 번영의 토대를 엉뚱한 방향으로 끌고 갈 수 있다.

자유주의 원리는 세 가지 경로를 통해 깨우칠 수 있다. 필자의 경우, 가족의 생계와 보다 나은 환경을 만들어 주기 위해 평생을 사업에 헌신하신 아버지의 삶을 통해 개인이 선택할 수 있는 자유, 사적인 성취물에 대한 재산권 그리고 권리에 대한 중요성을 배울 수 있었다. 하지만 모두가 이런 기회를 가질 수 있는 것도 아니고, 게다가 이런 기본적인 철학과 사고의 틀을 만들어 줄 교육환경조차 마련돼 있지 않다. 다행히 최근에는 자유시장경제에 대한 강좌가 늘고 있어서 어느 정도 기회가 생기긴 하지만 스스로 중요성을 깨닫고 선택하지 않는 한 무지의 늪에서 빠져나오기 힘들다. 가정교육과 제도교육 외에도 본인이 직접 사업을 운영하면 온몸으로 자유주의 원리를 터득할 수 있다.

하지만 이 세 가지 방법 모두 의지만으로 되는 것은 아니어서 보통 사람들의 취약한 지적 기반을 파고들 선동가들은 항상 존재하고 있다. 그들은 교묘한 주의주장을 만들고 감성적인 도구나 수단을 이용해 이를 자신들의 정치적인 힘으로 극대화한다. 필자는 자유주의 원리에 믿음을 가진 시민을 '계몽된 국민(enlightened people)'이라고 부르고 싶다.

자유주의 철학자 F.A. 하이에크 교수는 1996년 발표한 『법, 입법 그리고 자유 Ⅲ』이란 책에서 이렇게 말하고 있다.

"다소 꿈같은 이야기처럼 들릴지 모르지만, 세상은 궁극적으로 대다수 사람들이 옳다고 믿는 도덕적 원칙에 의해 지배된다. 이제까지 선진 문명사회를 이끌어온 단 하나의 도덕적 원천이 있다면, 그것은 바로 각 개인이 다른 사람의 명령에 의해서가 아니라 정의의 원칙에 입각하여 자기 스스로 내린 결정에 따라 행동한다는 의미에서 개인의 자유원칙이다."

과연 우리 사회에는 이런 믿음을 가진 계몽된 국민들이 얼마나 될까? 또한 이런 원칙을 제대로 실천할 수 있는 정치, 경제, 사회제도를 만들어야 한다고 믿는 사람들은 얼마나 되며, 국가의 지도자를 선택함에 있어서 역시 첫째 기준이 원칙의 공유와 준수라고 믿는 사람들은 또 얼마나 될까? 마치 우리의 이러한 걱정에 조언이라도 하듯, 전체주의적인 성격의 정치권력에 제한을 가하지 못한다면 번영의 토대는 허물어질 수밖에 없다는 하이에크 교수의 결론에 귀 기울여 보자.

"자유사회에서는 개인을 억압하는 집단주의적 교리가 존재할 수 없다. 각자의 영역에서 자기목적을 위해 스스로 능력을 자유롭게 발휘할 수 있을 때 자유사회가 존립할 수 있는 것이다. 사회주의는 개인의 자유행동에 관한 원칙을 결여한 채 자유시민이 도덕적으로 행동하더라도 달성할 수 없는 국가형태를 꿈꾸고 있다.

아직도 자의적 권력과의 싸움이 끝나지 않았다. 사회주의, 그리고 개인의 자유를 무시한 채 인위적으로 자원을 배분하기 위해 강제력을 사용하려 드는 정치적 제도와의 싸움이 남아 있기 때문이다. 나는 사회주의가 공산주의나 파시즘과 마찬가지로 전체주의적이며 본질적으로 자의적인 권력행사를 가능케 하는 성격을 지니고 있다는 점이 분명하게 드러날 날이 와서, 어떤 구실로도 그러한 전체주의적 집단이 권력을 장악하는 일이 일어나지 않도록 아예 헌법상 제한조치를 취할 수 있게 되기를 희망한다.

정부라는 것도 따지고 보면 학자들의 머리에서 나온 구상의 결과물이다. 나의 제안을 통해 현재처럼 특정 이익을 위해 봉사하게 될 정치조직에 권력이 집중되는 것을 막을 수 있다면 자유사회의 건강한 발전을 기

74

대할 수도 있을 것이다.

이제 정치적 권력에게 개인 상호간의 자발적 교류를 억압할 수 있는 힘을 주면 자유사회가 붕괴되고 말 것이라는 점을 분명히 알게 되었다.

이것이 지난 40년 전에 '이성의 남용과 쇠퇴'를 목격하고 난 뒤부터 이 문제에 매달려온 내가 내린 마지막 결론이다."

– F. A. 하이에크, 「법, 입법 그리고 자유 Ⅲ」, pp.240–242.

02

침체된 기업가정신

잘살게 되었는데도 행복하지 않은 이유

어느 사회건 그 사회를 지배하는 분위기라는 게 존재한다. 그래서 '희
망과 낙관이 지배하는 시대'가 있는가 하면 '실망과 비관이 유행하는
시대'도 있다. 한 시대의 분위기를 파악하기 위해서는, 자신의 삶이 앞
으로 더 나아질 것이라고 예측하는지 또는 다음 세대의 삶이 앞으로 더
나아질 것이라고 예측하는지와 같은 형식의 여론조사 방법을 활용할
수 있다.

물론 어떤 상황이든 긍정적인 마인드를 갖고 삶을 적극적으로 살아
가는 사람들에게 사회적 분위기란 크게 상관할 바가 아니다. 그들은 최
악의 상황에서도 기회는 존재한다는 확고한 신념을 갖고 있기 때문이
다. 실제로 외환위기라는 절박한 상황 속에서도 냉철함을 잃지 않았던

사람들은 오히려 위기를 기회로 삼는 탁월한 경제관념을 드러냈다. 긍정과 부정, 희망과 실망, 낙관과 비관을 결정하는 것은 결국 개인의 가치관과 관점(perspective)에서 비롯된다는 지극히 당연한 원리를 깨우치는 일은 사회를 지배하는 그 어떤 분위기에서도 초연함을 유지할 수 있게 한다.

언젠가 자동차 부품을 만드는 한 기업을 방문한 적이 있다. 그 기업은 해외공장이 국내보다 높은 비중을 차지하고 있는 탄탄한 기술력을 갖고 있었다. 10년 전부터 세계화의 의미를 나름대로 해석하고 계속 악화될 수밖에 없는 국내의 사업환경을 극복하기 위해 적극적으로 해외공장의 생산 비중을 늘려왔다. 당시 창업자의 말을 옮겨보겠다.

"1997년 외환위기를 겪으면서 더 이상 한국 중심의 사업으로는 힘들다는 결론을 내렸습니다. 우선은 생산 요소 중 가격 면에서 한국의 강점이 계속해서 약해지는 추세를 역전시킬 가능성이 없다고 판단했습니다. 그리고 환(換) 리스크 관리라는 면에서 현지화 전략에 더 열을 올려야 한다고 생각했죠. 같은 업종의 다른 기업에 비해 열심히 글로벌화를 추진한 셈이지요. 이제 와 생각하면 제 판단이 옳았다는 생각이 듭니다. 하지만 당시에는 임원들의 반대가 만만치 않았죠. 그러나 저는 확고한 판단으로 10여 년 동안 그런 원칙을 견지했고 마침내 괜찮은 성과를 거두었습니다. 물론 아직 가야 할 길이 멀긴 하지만요. 사업이란 한고비 넘기면 또 다른 문제가 생기기 마련이니까요."

본사를 한국에 두고 있긴 하지만 그는 심정적으로나 사업적으로 이미 국내 상황과 자신의 비즈니스를 상당 부분 분리해 경영하고 있다. 모국의 상황과 자신의 현주소 그리고 미래에 대한 준비 사이의 관계를 어느 정도 정리한 사람들은 국내 상황에 크게 관계없이 자신의 길을 가는 사람들이다. 기업가, 부유한 자산가, 전문가 가운데 이와 비슷한 유형의 인물들을 종종 만날 수 있는데, 이들의 공통점은 모국의 지배적인 분위기로부터 어느 정도 거리를 유지하고 있다는 점이다.

그러나 대부분의 사람들은 자신의 사업과 생활 기반에 관해 한국이란 지역적 한계에서 크게 벗어나지 못한다. 따라서 자신이 살아가는 사회의 지배적인 분위기에 영향을 받을 수밖에 없다.

선진국과 비교할 때 한국인의 삶은 빠른 속도로 성장했다. 평균수명, 식생활, 근로조건, 건강상태 그리고 환경오염 등, 여러 면에서 정말 놀라운 발전과 개선이 이루어졌다. 40대 이후의 사람들이라면 자신의 유년기와 현시대의 격차를 실감할 것이다. 연탄을 사용하던 시대와 도시가스가 공급되는 시대의 대기오염 상태만 비교하더라도 이는 극명하게 드러난다.

문제는 앞으로도 이런 향상이 지속적으로 전개될 수 있을까 하는 것이다. 물론 삶의 질은 나아지겠지만 문제는 성장의 속도에 있다. 속도를 조절할 수 있는 건 국민들의 손에 달려 있다. 미래란 주어지는 것이 아니고 창조하는 것이기 때문이다. 그런데 이런 낙관적인 생각에도 불구하고 대다수의 사람들은 왜 불만을 토로할까? 정치인들이 흔히 말하는 '양극화' 현상 때문일까?

이러한 문제점의 원인을 한국인만의 특징이 아닌 인간의 심리적 특성에서 찾는 학자가 있다. 〈뉴 리퍼블릭〉의 수석 편집인으로 활동하고 있는 그리그 이스터브룩(Gregg Easterbrook)은 '우리는 왜 잘살게 되었는데도 행복하지 않은가'라는 질문에 대해, '황금시대의 오류'라는 개념을 중심으로 답했다. 그의 요지는 인간은 과거에 대해 막연한 환상을 품고 있기 때문에 끊임없이 현재에 대해 툴툴거리며 불평과 불만을 늘어놓는다는 것이다.

"우리는 황금시대를 잘못 알고 있다. 미국인들은 1950년대가 황금시대였다고 말한다. 그 시대에 삶은 넉넉했고 더욱 단순했으며 도덕성은 깨끗했다고 말한다. 하지만 실제 달러가치로 환산했을 때 모든 것은 오늘날이 그 당시보다 저렴하다. 의료서비스는 상상할 수 없을 정도로 향상되었고 대학에 가는 사람들도 세 배가 늘었다. 게다가 단순하고 순수했다던 1950년대의 도덕성은 흑인의 투표권과 여성에게 일자리를 줄 기회를 거부했다. (……) 어린 시절을 지나 성인이 되는 과정과 마찬가지로 과거에 대한 동경은 과거를 칭송하는 데 큰 역할을 한다. 하버드 대학교 행정학 교수 크리스토퍼 젠크스(Christopher Jencks)는 다음과 같이 주장한다.
'과거를 떠올릴 때 우리는 어린 시절에 집중한다. 부모님이 험한 세상으로부터 보호해주던 때를 말이다. 성인이 되면 비록 사회가 더 좋아지더라도 보호받는다는 느낌은 사라진다. 더 이상 어느 누구도 당신을 돌봐주지 않고, 따라서 상황이 더욱 걱정스러워진 것처럼 느낀다. 객관적으로 모든 상황이 호전되었다고 해도 말이다.'

오늘날 많은 미국인과 유럽인은 이전 세대가 훨씬 더 좋은 환경에서 살았다고 말한다. 그리고 화제가 현재로 바뀔 때 이를 악문다. 황금시대의 오류란 좋은 시절은 오직 과거에만 있었다고 주장하는 것이다. 하지만 서구 국가에 황금시대가 있다면 그것은 바로 여기, 지금이다."

– 그리그 이스터브룩, 『진보의 역설』, pp.100-101.

희망과 낙관을 만드는 리더

한국인의 삶은 분명히 어제보다 오늘이 더 낫다. 게다가 오늘보다도 내일은 더 나은 상태가 될 것이 틀림없다. 근현대의 역사는 상승과 하강 곡선을 그리면서도 삶의 수준은 꾸준하게 향상되었기 때문이다. 이와 같이 인간의 심리적인 요인을 충분히 고려하더라도 한국 사회의 분위기가 희망과 낙관으로부터 멀어지는 요인은 확신에 찬 기대와 믿음을 심어주는 데 실패한 점에 있다.

그렇다면 기대에 찬 희망과 낙관적 확신은 어떻게 조성되는가. 우선은 어떤 상황이나 환경에서든 자신의 생계와 미래를 책임지는 개개인의 몫이 크다. 하지만 보통 사람이라면 분위기에 쉽게 좌우되는 경향이 있기 때문에, 아무래도 한 사회를 이끄는 지도자들의 성향, 재능, 역

80

량, 특성 등이 그 몫을 대신하기도 한다. 지도자들이라고 하지만 우리나라처럼 대통령 중심제 나라에서는 영향력을 가진 행정부의 수장이 어떤 사람인가에 따라, 그리고 그가 이끄는 정치 집단의 성격이나 성향에 따라 분위기가 달라진다.

위기에 처한 기업이 새로 임명된 CEO에 의해 회사의 방향이나 성과가 크게 달라지는 경우를 볼 수 있을 것이다. 국가적 차원의 경우는 이보다 훨씬 복잡하기 때문에 기업의 사례를 적용하는 것이 무리가 따를 수도 있지만, 대통령의 삶의 자세와 마인드, 유머 감각, 역사관, 행동 등이 한 사회의 분위기를 형성하는 데에 결정적인 영향을 미치는 것은 사실이다.

언젠가 힐러리 상원위원의 자서전에서, 왜 자신이 정치를 하게 되었는가라는 질문에 부분적인 답을 정리한 것을 본 적이 있다. 웨슬리에서 공부하던 당시 그와 자주 정치 이야기를 나누던 친구 케빈 오키프의 말을 인용해 그는, "다른 놈들이 우리를 멋대로 지배하지 못하게 하는 것"이라고 정치활동에 개입한 이유를 밝혔다. 그로 인해 많은 고통을 감내해야 하는데도 정치활동은 그 이상의 가치가 있는 것인가 하는 생각이 든다.

강연을 다니다 보면 실제로 현장에서 뛰어 부를 창출하는 사람들을 만날 기회가 종종 있다. 더불어 그들의 속내나 심정을 확인하게 되는데, 그들에게 지난 몇 년의 시간은 유쾌하지 않은 날들의 연속이었다고 한다. 미래를 지향하기보다는 끊임없이 불평불만을 늘어놓는 대통령의 언행과 집권층의 생뚱맞은 정책에 그들의 상처는 이만저만이 아니다. 집권 여당에 대한 지지도가 바닥인 것은 사람들의 불만이 그만큼 많다는 것을 뜻한다.

분명한 사실은 과거에 비해 생활수준의 향상 속도와 폭은 물론 국가 전체의 성장 속도도 낮아졌다는 것이다. 그럼에도 불구하고 전체적으로 많은 부분이 개선되고 있듯이, 우리 사회에 희망과 낙관이라는 분위기를 조성할 수만 있다면 성장 속도를 빠르게 유지하는 일은 얼마든지 가능하다. 보다 긍정적인 사회 분위기 조성을 위해 국민 개개인의 노력은 물론, 어떤 지도자를 선택하느냐에 따라 희비가 엇갈림을 결코 간과해서는 안 된다.

'된다' 보다 '안 된다'

03

심리적 한계를 극복하라

지난 5년간 우리나라를 이끈 사람들은, "경제 문제는 없다. 이 정도의
경제 수준에 도달한 국가라면 4%대 성장도 높다. 다른 나라가 성장한
과정을 보라. 다 그렇지 않은가"라고 말한다. 낮은 경제성장을 걱정하
는 우려의 목소리가 들릴 때마다, "전혀 문제가 없는데 일부 보수 언론
과 이에 동조하는 사람들의 잘못된 시각에서 나오는 경제 위기론을 강
조하는 주장이다"라고 일축한다. 하지만 실제로 중국의 고성장에 맞물
려 최근 아시아 경제가 호황을 맞고는 있지만 한국은 상대적 저성장의
덫에 빠져 있다. 객관적인 경제성장률 수치를 보더라도 한국의 성장률
은 매우 저조하다. 아무런 문제가 없다는 정부 당국의 발언에도 불구하
고 일부 기업인은, "4~5년 후에 위기가 닥칠 수도 있다"는 발언으로

경쟁력 향상을 위한 노력을 한층 더 촉구한다. 경제학자들의 일반적인 예측과 달리 중국은 20년 이상 고도성장을 지속하고 있다. 이를 불가사의한 현상으로 보는 사람들도 있지만 얼마든지 가능한 일이다.

정해진 길만을 고집하며 살아온 사람들은 '신화(legend)'라는 말을 좀처럼 믿지 않는다. 학자나 관료나 정치인들 가운데 대다수는 신화를 창조한 경험이 거의 없기 때문이다. 하지만 대한민국은 지독한 빈곤에서 탈피해 현재에 이르렀다. 이 역시 누구도 장담하지 못했던 일이었지만 우리는 해내지 않았는가. 똑똑한 사람들이라 할지라도 자신의 경험 범위를 크게 벗어나기는 어려운 모양이다.

무에서 유를 창조한 사람들, 특히 자신의 힘으로 사업을 일으킨 사람들 중에는 강한 기백의 소유자들이 많다. 창조가 삶의 바탕인 이들은 '될 수 없다면 되도록 만들어라'는 매우 강한 어조의 신념을 지니고 있으며, '할 수 있을 때까지 추구하라'는 의지로 신념을 실천한다. 그러므로 이들에게 선례나 관례는 참고자료가 될 수 있을지언정 중요한 의미가 되지는 않는다. 어차피 새로움을 창조하는 것이 사업이며 인생이라고 생각하기 때문이다.

이렇듯 오늘날의 한국 사회는 나랏일을 맡은 사람들의 기대 수준과 부를 창조하는 사람들의 기대 수준 사이에 커다란 간극이 존재한다. 나랏일을 맡은 사람들이 4%대 정도의 수준만으로도 한국 경제가 선전하고 있다고 믿는 반면, 경제 현장을 뛰는 사람들은 더더욱 성장해야 하며 더 성장할 수 있다고 믿는다. 물론 일부의 우려처럼 물가를 자극하지 않고 한국 경제가 7%대 이상의 성장을 이룰 수 있느냐에 대해서는 전문가들마다 의견이 다르다. 하지만 낮아진 잠재 성장률도 경제 주체에 따라 얼마든지 변화가 가능하다. 남과 비교해 이 정도면 괜찮다는 믿음 혹은 어차피 안 될 텐데 라는 생각은 저성장을 촉발할 뿐이다. 모든 것은 마음먹기에 달렸으니, 이왕이면 되는 방향으로 생각하고 볼 일이다.

모두가 알다시피 긍정적 사고와 부정적 사고의 결과는 엄청난 차이를 만든다. 사람은 자신의 생각이나 기대만큼 성장한다. 성장에 관한 생각이나 기대, 상상조차 하지 않는 사람의 한계는 너무도 뻔하다. 한국이라는 나라 역시 지금의 이 심리적 한계를 극복해야 할 시기다.

한국 사회를 구성하고 있는 대다수의 사람들은 자신의 삶을 보다 높게 끌어올리기 위한 준비가 되어 있다. 문제는 이들의 욕망이 분출될 수 있도록 동기를 부여해 물꼬를 터주는 것이다. 이때 정치와 행정의 역할이 매우 중요한데, 안 될 것이라는 부정적 사고를 앞세워 오히려 물꼬를 막을 수도 있기 때문이다. 나라가 해야 할 일은 적극적으로 역동적인 성장의 기회를 제공함으로써 국민들이 자신의 위치를 끌어올릴 수 있도록 기회를 제공하는 일이다.

고성장이 필요한 이유는 명확하다. 더 잘살기 위해서다. 물론 물질적 성장이 개개인의 행복을 100% 보장하지는 않는다. 행복은 철두철미하게 개인적이고 주관적인 개념이기 때문이다. 나라가 해야 할 일은 더 나은 미래를 준비할 수 있도록 돕는 일이며, 그리고 난 후에 '당신은 행복합니까?'라고 묻는 것이다.

일이 되는 방향으로 움직여라

오랫동안 지켜온 관례나 전례를 급변하는 정세에 맞춰 변화시키기란 쉽지 않다. 그래서 법과 제도의 변화 속도와 시장과 시대의 변화 속도에는 늘 긴장과 간극이 존재한다. 근래에 문제가 되고 있는 초고층 건축물에 관한 규제도 더디게 변화하는 제도가 성장에 부정적인 영향을 미친 대표적 사례에 속한다. 이를 다루는 사람들의 의식이나 대처방법을 보면 우리 사회가 당면하고 있는 어려움의 실체를 보는 듯하다. 문제가 될 법한 것은 누구도 책임지거나 추진하려 하지 않는다. 그러는 사이 시간은 쏜살같이 흘러가 버리고 만다.

경험이 없는 사안에 대해서는 문제가 누적돼 폭발 직전이 되기까지 어느 누구도 나서서 규제완화에 대한 논의를 하지 않는다. 현재의 건축물 높이는 주변 지역의 건축물 및 경관의 특성 등을 고려해 일률적인 제한을 가하고 있다. 때문에 초고층 빌딩의 건축 허가를 얻기 위해서는 복잡한 절차와 오랜 시간이 필요하다. 현행 제도에서는 그런 허가를 받는 것 자체가 대단한 특혜로 여겨지고 있는 실정이다.

물론 이런 절차에 관여하고 인허가를 담당하는 사람들에게는 다양한 이해관계자들의 의견을 절충해야 하는 어려움이 따른다. 그러나 새로운 일에는 늘 반대와 저항이 있게 마련이다. 현상을 유지하기보다 새로운 것을 만들어 간다는 부분에 가치를 둔다면 '일이 되는 방향'으로 법과 제도를 개정하고 이해당사자들을 설득하는 수고가 필요하다.

새로운 일의 시작점은 항상 어렵다. 그러나 이런 통과의례 없이 성장

86

과 발전을 꾀할 수는 없다. 경영학의 대부로 불리는 피터 드러커 교수
는 늘 "내일은 기회다"라고 강조한다. 그런 기회를 만들기 위해 필요한
마음 자세와 태도는 '미래를 창조하는 것' 이다. 기존의 법과 제도를 핑
계 삼아 부정적인 사고로 '안 된다' 고 할 게 아니라 무조건 일이 되는
방향으로 움직이는 것이다. 드러커 교수는 미래 창조의 으뜸가는 방법
으로 '체계적 폐기' 를 받아들여야 한다고 말한다. 불필요한 걸림돌이
자 시대의 변화에 뒤떨어진 것이라면 그것이 무엇이든 조직적으로 폐
기할 수 있어야 한다.

"위험을 감수할 의지가 없고 알지 못하는 사업에 진출하려는 의욕도
없고 그리고 익숙한 과거와 헤어지기도 싫다면 그런 기업은 21세기에
번영할 수가 없다"는 그의 메시지는 기업에만 해당하지 않는다. 더 나
은 시대를 원한다면 국민 모두가 반드시 실천해야 할 교훈이다.

04

후진하는 사람들

국가경쟁력의 원동력, 대외개방정책

누구나 본능적 사고를 우선하게 마련인데, 일단 '우리'와 '그들'로 나눈 다음 두 세력이나 집단 사이에 제로섬(zero-sum)으로 세상을 바라보는 것이다. 그런 뒤 한쪽이 이익을 거두면 다른 한쪽 역시 손해를 보지 않기 위해 양보 따위 저버린 채 투쟁에 나선다. 교육이나 체험을 통해 이 같은 시각이 가진 문제점을 정확히 아는 사람들은 이런 원시적인 사고방식으로부터 자신을 구해낼 수 있는 방법을 찾으려고 노력한다. 흔히 이런 사고방식을 '부족(tribe) 사고'라고 부른다. 여기에다 '그들'에 해당하는 세력이 막강한 힘을 가진 자들의 모임이면 그땐 외세나 제국주의에 의한 공격 내지 강탈과 같은 용어들이 사용될 수 있다. 이와 같은 본능적 사고는 호소력이 크기 때문에 어느 사회든 '우리'를 '그들' 의 침투로부터 막아야 한다는 논리가 성행하고, 이 논리를 이용해 자신의 정치적 입장을 강화하기도 한다.

1970년대부터 1980년대까지 유행했던 종속이론이나 민족경제론 등의 이론에는 모두 외세에 맞서서 우리를 보호해야 한다는 식의 주장이 담겨 있다. 물론 이 이론은 모순을 갖고 있을 뿐만 아니라 현실에서 역시 역사적인 검증을 통해 실패한 이론임이 밝혀졌다. 한국 사회만큼 대외적인 개방을 통해 그 이익을 향유한 나라도 드물다. 1960년대 경제 개발론의 지배적이었던 믿음 즉, 자립갱생을 통한 민족 경제의 재건과 같은 통설을 물리칠 수 있었기 때문에 가능했다. 그 시대에 그런 결정을 내린 정치가와 정책입안자들의 통찰력과 혜안에 경의를 표하지 않을 수 없다. 만일 그들이 지식인들의 개방을 반대하는 통념과 상식을 그대로 받아들였다면 우리 역시 인도나 그 밖의 제3세계 국가들과 비슷한 행보를 걸었을 것이다.

과거에 대한 정확한 인식이 필요한 이유가 바로 여기에 있다. 이론보다도 역사적인 실례만큼 귀하고 생생한 조언을 주는 경우는 드물기 때문이다. 지속적인 대외개방정책의 기조로 오늘날의 물질적인 풍요가 가능했다는 믿음은 충분히 입증되고도 남았다. 개방은 거래 규모의 확대를 의미하며, 이는 개인의 삶의 윤택뿐만 아니라 나라 경제 전체의 성장을 뜻하기도 한다.

개방을 통해 얻을 수 있는 또 하나의 이점은 치열한 경쟁 압력이 증가하고 이를 바탕으로 경쟁에 노출된 개인이나 산업의 경쟁력을 끌어올릴 수 있다는 점이다. 팽팽한 긴장감 속에서 살아남기 위해 고군분투하는 개인이나 조직 그리고 사회는 자연스럽게 생존과 성장에 필요한 능력을 고루 갖추게 된다.

오늘날 한국의 제조업 분야는 거의 완전 개방에 가까운 상황에 놓여 있다. 이런 변화는 제조업 자체의 경쟁력 향상뿐만 아니라 소비자들에게도 선택의 자유와 이익을 누리게 한다. 미국의 소비자들의 경우, 1년에 개방으로 인해 얻는 이득이 가구당 9천 달러 정도라고 한다. 다시 말해 개방하지 않았다면 소비자들이 9천 달러의 추가적인 부담을 떠안아야 했다는 것이다. 그만큼 가처분 소득 가운데 더 많은 부분이 소비자의 지갑에서 생산자나 유통업자의 지갑으로 옮겨가는 것을 뜻한다. 경쟁력을 상실하고 소비자의 보조금에 의지한 일부 생산자에게 개방은 큰 부담일 수 있지만 나머지 경제 주체에게는 이득을 가져다 준다. 때문에 개방을 반대하는 논리나 주장은 설득력이 없다.

소수만을 위한 개방 반대론

한미 FTA 협상을 전후해 스스로를 진보 진영이라고 칭하는 시민사회단체들이 격렬하게 개방에 반대하는 것을 목격한 바 있다. 그런 주장들이 실질적으로 나라나 국민을 위한 걱정 때문인지, 아니면 피해를 볼 수밖에 없는 일부 산업 종사자들의 이익을 위해선지 선명하지 않다.

간혹 반드시 이루어져야 할 개방 분야가 제외되는 경우가 있다. 경쟁력이 가장 취약한 분야가 여기에 해당한다. 경쟁력 향상을 위해서 무엇보다 개방이 필요한 분야가 정치적인 부담 때문에 매번 뒤로 미루어지는 상태다. 교육이나 의료 분야가 특히 그런데, 이에 대해서는 그냥 현상을 유지하는 쪽으로 선택하고 만다.

그런데 개방을 반대하는 사람들은 조직화되어 있는 반면 개방을 찬성하는 쪽은 그렇지 않다. 이유는 개방 반대론이 수용됨으로써 거둘 수 있는 구성원들 개개인의 이익은 큰데 반해서, 개방을 찬성하는 측이 거두는 편익은 그 규모는 크지만 개개인에게 돌아가는 편익은 눈에 띌 정도는 아니기 때문이다. 다시 말해 개방에 대한 찬성은 일종의 공공재에 해당한다는 의미다. 공공재란 굳이 자신이 나서지 않더라도 누군가가 대신하기 때문에 자신은 그냥 혜택만 누리면 그만이라는 생각을 갖게 된다. 이런 이유 때문에 개방을 반대하는 사람들은 소수인데도 불구하고 그들의 목소리는 실상보다도 크게 비춰지고 반영된다.

말도 많고 탈도 많은 미국산 쇠고기가 한국에 수입된 2007년 7월 12일 롯데마트에서 100그램 당 가격 차이는 부위별로 약 20~80%까지 났다. 이를 쉽게 설명하면 미국산 쇠고기의 진입을 막는 동안 경제적으로 합리화될 수 없는 부당한 이익이 소비자로부터 생산자와 관련 유통업자들에게 이전되어 왔음을 뜻한다. 이처럼 경제적 논리로 합리화 될 수 없는 편익을 흔히 렌트(rent)라고 부른다. 합리화된 이익이 고객을 만족시키는 경쟁에서 다른 경쟁자들보다 월등한 가치 때문에 발생한 것이라고 한다면, 소비자로부터 생산자나 관련 유통업자로의 부의 이전은 그런 경쟁을 거치지 않은 채 불합리한 제도가 가져온 이익이라 할 수 있다. 누구나 총론으로 경쟁을 찬성하면서도 정작 자신과 관련된 경쟁을 싫어하는 이유는 명확하다. 렌트를 추구하는 행위가 쉽고 편리한데 누가 그런 이점을 마다하겠는가? 그래서 어느 사회든 조그만 구실이라도 있으면 개방을 반대하는 사람들이 생기게 마련이고 이들은 결집력이 강한 집단을 만들어 다수의 소비자들을 무력화시킨다.

엄밀한 실증 분석을 거칠 필요가 있겠지만 한국에서 특정 산업의 경쟁력 낙후는 직관적으로 개방 정도와 거의 비례한다고 볼 수 있다. 이런 점에서 앞으로 우리 사회가 어떻게 개방을 다루는가 하는 사안은 대단히 시사적이다.

개방은 상품이나 서비스에만 국한되지 않는다. 지식과 정보의 개방은 인터넷 혁명으로 큰 변화를 맞이했다. 정보의 폭주라고 부를 정도로 소비자들은 넘쳐나는 정보를 언제 어디서든 손쉽게 이용할 수 있다. 이런 변화는, 설령 제도적으로 개방을 막더라도 소비자가 가진 정보의 양이 월등하기 때문에 자신들의 선택에 따라 언제 어디서든 원하는 정보와 상품과 서비스를 제공받을 수 있음을 뜻한다. 때문에 정보가 부족하고 차단되어 있던 때와는 비교할 수 없는 차원의 경쟁력이 필요하다.

또한 인종에 대한 개방 역시 시급하다. 이미 국제결혼을 통해 큰 변화를 경험하고 있고, 이는 우리 사회가 다양한 민족과 더불어 살기 위한 의식의 변화가 필요한 시점임을 뜻한다. 피부색이나 국가에 관계없이 모든 사람을 차별 없이 공명정대하게 대하는 일은 우리에게 그다지

익숙하지 않다. 외국인 근로자들과의 바람직하지 못한 사례가 언론 지상에 자주 보도되는 것 또한 단일민족이었던 우리 사회가 변화를 맞아 필연적으로 경험하게 되는 일들이다. 의식 개방은 눈에 보이는 개방보다 훨씬 어렵고 시간도 많이 소요된다. 이런 점에서 한국인들이 괄목할 만한 성과를 거둘 수 있을지 두고 볼 일이다.

말로만 하는 변화혁신

조직만 불리는 공적 조직

잘사는 길은 매우 간단하다. 가치사슬에서 계속 위로 이동하면 되는데, 개인이든 조직이든 국가든 방법은 다르지 않다. 우선 개인의 경우를 살펴보자. 지난 10여 년 동안 업무를 처리하는 방식에 있어서 많은 변화를 경험했을 것이다. 필자의 경우 역시 다르지 않다. 신문기사를 스크랩하던 시절이 있었던데 반해 1990년대 중반 이후 컴퓨터가 네트워크로 연결되면서 스크랩 따위는 그 역할을 잃었다.

지난 몇 년 사이 우리는 언제 어디서나 인터넷을 연결해 업무를 처리할 수 있게 되었다. 굳이 사무실이나 작업실 또는 연구실이 따로 없어도 된다. 어떤 장소에서든 무선 인터넷의 도움으로 작업이 가능하니 말이다. 기술의 발전은 업무방식, 사고방식 그리고 삶을 살아가는 방식까지 큰 변화시켰다. 생산성 면에서 또한 비약적인 성장을 이룩했음은 물론이다. 적은 시간을 투자해도 과거와 비교할 수 없을 정도의 많은 일을 처리할 수 있기 때문이다.

이런 물리적인 변화뿐만 아니라 필자가 일을 시작한 지난 20여 년 동안 가치사슬의 상부를 향한 이동은 놀라울 정도로 지속됐다. 이는 가치창출 능력이 대단한 속도와 폭으로 발전했음을 뜻한다. 가치란 서비스를 구매하는 고객이 판단하는 일이다. 고객이 필요로 하는 서비스와 고객을 만족시키기 위한 서비스를 지속적으로 업그레이드하는 과정에서 필자의 소득과 시장에서의 지위는 점점 더 높은 쪽으로 이동했다.

필자 개인에게 일어난 이와 같은 변화는 지난 20여 년 동안 우리나라에 일어난 경제 변화의 축소판이라고 할 수 있다. 정도의 차이는 있겠지만 개개의 조직들은 적은 인력으로 더 많은 생산과 가치를 만들 수 있게 되었다. 거창하게 혁신까지 부르짖지 않더라도 이와 같은 변화가 원활하게 이루어지는 곳에서의 생활수준 향상은 너무도 당연하다.

이제 우리의 과제는 가치사슬의 상층부를 향한 이동을 보다 더 강하고 빠른 속도로 지속하는 것이다. 그러나 이를 위해서는 반드시 거쳐야 할 절차가 있다. 때로는 아끼던 직원을 내보내야 하기도 하고, 기존의 업무를 폐지하는 일도 감행해야 한다. 고통을 동반하는 매수합병이나 구조조정, 경영혁신 등의 과정 없이 풍요로운 수확의 기쁨을 누릴 수 있다면 누구도 고민에 빠질 일은 없을 것이다.

한국의 사기업이 가야 할 길은 아직 멀지만, 날로 치열해지는 글로벌

한 경쟁 속에서 가치사슬의 상부를 향한 노력이 쉼 없이 이루어지고 있는 지금 분명 희망은 있다. 물론 정체된 주력 사업 분야를 타개하고 새로운 비즈니스 기회를 잡기 위해 노력하지만 쉽게 돌파구를 찾지 못하는 기업도 있다. 하지만 사기업에 대해 크게 걱정하지는 않아도 되는 것은, 제대로 경영하지 못할 경우 실패라는 징벌이 주어진다는 것을 그들 스스로 잘 알고 있기 때문이다. 앞으로 사기업의 변화혁신은 놀라운 속도로 전개될 것이다. 위기론에 대한 끊임없는 경고에도 불구하고 한국 기업의 변신은 기대 이상이었으며 위기는 기회의 또 다른 측면이기 때문이다.

이 문제의 핵심은 사기업이 아닌 공적 영역에서 일어나고 있다. 현정부가 들어서면서 내건 화두는 '혁신'이었다. 그에 걸맞게 변화와 혁신을 위한 공적 영역의 움직임이 활발하게 이루어졌다. '개혁의 피로 증세'라 부를 만큼 이에 대한 말이 무성했지만 진정 원하는 수준의 성과를 거두었는가 하는 점에는 의문을 갖지 않을 수 없다. 일부 공적 기관에서는 부분적인 성공이 이루어지긴 했지만 반면 지나치게 많은 인력과 돈이 투입됐다는 것이 또 다른 문제를 낳았다. '적은 투입 많은 성과'라는 기본 조건이 무시되고 만 것이다. 이미 많은 인력이 존재함에도 불구하고 이를 줄이기보다는 오히려 신규 인력을 충원하고 있는 실정이다.

변화와 혁신은 불필요한 공정이나 가치창출에 이바지하지 못하는 영역을 깨끗하게 정리하는 일이다. 그리고 이렇게 정리된 공간에 새로운 영역이나 공정이 들어선다. 가치창조에 대한 평가 없이 변화와 혁신을 부르짖는 기존의 구호는 치레에 불과하다. 공적 영역에서 일하는 분들의 성과를 폄하할 의도는 없지만, 필자의 판단으로는 아직 멀었다는 인상을 지울 수 없다.

지방자치단체에는 정말 많은 준 공무원 조직이 신설되어 있다. 비용이나 편익 측면에서 볼 때 우려되는 부분이 꽤 많다. 과연 그들이 하고 있는 일이 비용에 비해 진정한 가치가 있는 일인지, 해도 그만 안 해도 그만인 수준의 일은 아닌지 냉정한 판단이 필요하다.

지방자치단체가 세운 비영리법인에서 세미나를 할 기회가 있었다. 오랫동안 사기업에서 활동하다가 비영리법인에 몸담은 한 분이 필자에게 이런 이야기를 해주었다.

"지난 1년 동안 제가 만든 페이퍼워크가 직장생활 30년 동안 만든 페이퍼워크보다 많은 것 같습니다. 무슨 일을 하든지 감사에 대비해야 하기 때문에 반드시 문건을 남겨야 하고 이 때문에 본말이 전도되는 경우가 많습니다. 비용 개념이 없는 거죠. 받은 예산을 다 사용해야 하기 때문에 방만한 건 물론이고요. 30여 년을 항상 이익을 창출해야 한다는 압력으로부터 자유롭지 않은 사기업에서 활동했던 저로서는 이렇게 낭비되는 돈이 여간 아깝지가 않더군요.

그리고 원천적으로 새로운 일을 시도하기란 매우 어렵습니다. 관례가 없어서 언제든지 감사의 지적을 받을 수 있기 때문이지요. 의욕을 갖고 공조직에 몸을 담은 사람도 시간이 지나면 이내 조직의 요구에 자신을 맞추기 시작합니다. 그렇지 않으면 삶이 너무 고단하고 신변을 망칠 수 있으니까요. 복지부동이라고 비난하지만 복지부동하지 않는 사람들이 오히려 피해를 보니 그럴 수밖에요. 공조직의 한계는 구조에서 찾아야 한다고 생각합니다."

모든 공적 조직에 해당되는 이야기는 아니겠지만, 어쨌든 공적 조직에서 왜 제대로 된 가치 혁신이 일어나기 힘든지 이해할 수 있는 얘기였다. 새로운 정부, 새로운 기관장이 등장할 때마다 혁신을 부르짖지만 정작 제대로 된 혁신이 이루어지기 힘든 게 바로 그와 같은 이유 때문이니 말이다. 인력이든, 기구든, 정책이든 변화혁신을 위해 과감한 다이어트가 필요한 때다.

다이어트가 필요한 정부조직

정부가 커져도 상관없다

'일만 잘하면 정부 규모가 커져도 관계없다' 라든지, '선진국에 비해 아직도 공무원 숫자가 적다' 는 것이 노무현 정부의 규모에 대한 관점이다. 이런 여파로 근래 우리 사회에서는 '작은 정부' 에 대한 믿음이 사라진 실정이다. 결과적으로 노무현 정부가 집권하는 동안 공무원 숫자는 꾸준하게 증가했다.

예를 들어, 장관 등 정무직의 경우 현 정부가 출범한 2002년 당시 106명이었던 수가 지금은 136명으로 늘어났다. 장관급이 7명, 차관급이 23명 증가한 것이다. 이처럼 고위직이 늘어나면 이를 수행하거나 보조하는 인력도 더불어 늘어나게 되고 이들이 지휘해야 할 공무원과 규제도 늘어날 수밖에 없다. 집권 4년간 공무원의 인건비는 무려 75조원에 달했다. 이전 '국민 정부' 5년간의 전체 인건비를 이미 넘어서는 규모다. 정부 규모를 늘린다는 것은 결국 국민의 세금 부담이 늘어난다는 것을 의미한다. 실제로 조세 및 사회보장기여금이 경상국내총생산(GDP)에서 차지하는 비중을 나타내는 국민 부담률은 2000년 23.6%에서 2001년의 24.1%를 거쳐 2006년과 2007년에는 각각 26.7%와 26.4%(추정치)에 도달할 전망이다. 이는 연평균 8.21%가 증가했음을 뜻한다. 그동안의 경제성장률을 4%로 가정하면 국민 1인당 조세 및 준조세 명목으로 정부에 내는 부담이 두 배 넘게 증가했음을 말한다. 1인당 조세 부담액은 2000년 242만 원에서 2006년에는 363만 원으로 늘어났다.

정원을 늘릴 때마다 참여정부의 관계자들은 사회복지 관련 인력이기 때문에 상관없다는 주장이다. 그렇지만 그와 같은 업무를 굳이 공무원이 수행해야 할 이유는 무엇인가. 민간에 위탁해도 충분한 업무인데 말이다. 뿐만 아니라 정권 퇴진을 몇 개월 앞둔 현시점에 이르기까지 공무원 숫자는 국무회의 때마다 늘어나고 있다. 임기 마지막 해의 전반기 6개월 동안만 1만 2332명의 공무원을 늘린데 이어 남은 6개월 동안도 19개 부처에 걸쳐 1천 명을 추가로 늘릴 계획이라고 한다. 이에 대해 한 언론은 다음과 같이 전하고 있다.

"정부는 7일 국무회의에서 비정규직 차별 개선업무를 처리하기 위해 노동부 공무원 44명을 늘리기로 의결했다. 지난 6월 19일부터 따져 화요일 국무회의에서 공무원을 늘린 게 벌써 일곱 번째다. 공무원 증원이 없었던 국무회의는 7월 24일 회의 한 번뿐이었다. 6월 19일엔 경찰청 592명·검찰청 15명, 6월 26일엔 건교부 85명, 7월 3일엔 외교부 197명·법무부 175명, 7월 10일엔 국세청 1998명·보건복지부 113명·교육부 35명·재경부 5명, 7월 18일엔 국방부 33명, 7월 31일엔 공정거래위 17명·금감위 4명을 늘렸다. 세계 어느 나라에도 이렇게 함부로 공무원을 늘리는 무리한 정권은 없다. 그것도 임기 반 년 남은 정권이 말이다. 교원 증가 등을 포함하면 올 들어서만 국가 공무원이 1만 2500여명 늘었다. 2002년 이 정권 출범 이후 작년 말까지 4년 사이 공무원이 4만 8499명 늘어난 것까지 합치면 늘어난 공무원이 6만 1000명을 넘는다."

— '화요일 국무회의마다 공무원 늘리는 정권의 습관', 〈조선일보〉, 2007. 8. 8.

공무원 수를 줄여라

어느 직무건 직무 자체의 특성이 있기 때문에 공직에 대해 편견을 가져선 안 되겠지만, 일반적으로 치열한 경쟁이 진행되는 민간기업에 비해 공직은 경쟁이 덜한 편이다. 더불어 생산성도 낮다. 그렇다면 우리가 고민해야 할 일은 공무원 숫자를 늘리지 않으면서도 기존 인력의 재활용이나 업무의 재조정 그리고 새로운 직무훈련 등의 효율적인 방안을 찾아 적극적으로 추진하는 일이다. 그리고 작은 정부는 단순히 구호나 이념적인 주장만을 뜻하지 않는다. 경영적인 관점에서 볼 때 적정 인력을 유지함으로써 인력 이용의 효율성을 최대한 끌어올리는 것을 말한다. 뿐만 아니라 작은 정부는 제한된 자원을 효율적으로 활용하는 방법이기도 하며, 민간의 활성화를 도모하는 일이기도 하다.

미국은 예산편성과 세금징수 등, 정부의 핵심업무뿐만 아니라 교도소의 운영에 이르기까지 민간기업에게 업무를 위탁하고 있다. 공무원이 직접 수행할 때보다 경영도 효율적이다. 이런 민간위탁 계약금은 2000년 2070억 달러에서 2006년엔 4000억 달러로 크게 늘었다고 한다. 영국 역시 1992년과 1993년 사이에 200개가 넘는 정부업무를 민간에 맡김으로서 73만 명이 넘었던 공무원 수를 48만 명으로 줄일 수 있었다.

작은 정부는 충분히 검증 받은 주장으로서 이론뿐만 아니라 경험으로 보더라도 많은 나라들이 추진하고 있는 정책이다. '핵심을 제외한 다른 기능은 아웃소싱 하라!' 대부분의 선진국들은 이런 원칙으로 정부 규모를 축소하고 있다. 이런 이론과 경험을 신뢰할 수 없다면, 여러분이 서비스를 받는 입장이라고 가정한 다음 생각해 보면 된다. 공무원이 제공하는 서비스와 민간기업이 제공하는 서비스를 비교할 때 생활인의 한 사람으로서 어떤 경험이 우선 떠오르는가. 구체적인 기억일수록 해답을 구하기는 쉬울 것이다.

생산성을 끌어올릴 수 있는 방법은 보유인력을 유지하거나 줄어든 인력에 맞춰 업무를 조정하는 것이다. 후자의 방법은 대부분 큰 효과가 있다. 이런 경우 가치창조에 기여도가 낮은 업무들은 없어지거나 외부로 이양된다. 현상유지를 기준으로 인력 규모를 바라보면 생산성 향상은 쉽지 않다. 공무원 조직은 일의 양에 관계없이 속성상 인력을 늘려가는 관성을 갖고 있다. 농어민 분야에 종사하는 인구수나 국민경제에 기여하는 수가 현저히 줄었음에도 이와 관련된 공무원 수가 줄었다는 소식은 어디서도 듣지 못했다. 담당해야 할 인구수가 줄어들더라도 한번 만들어진 자리나 배치된 인력은 줄어들지 않는다.

전국의 공무원 수를 비교하면 주민 당 공무원 수는 경기도가 가장 낮은 수준이다. 현재 주민 1만 명 당 공무원 수는 전국 평균 110명이고, 서울은 93명 그리고 경기도는 38명이다. 경기도의 인구 유입이 큰 이유라고 본다. 문제는, 경기도를 전국 공무원 수의 기준으로 끌어올려야 하는지, 아니면 전국을 경기도 수준으로 끌어내려야 하는지에 대한 판단과 결정이다. 경찰이나 소방 등 특정 부분에 따라 기준은 다르겠지만, 대부분 과잉 인력 상태에 놓여 있다는 생각이다. 결국 경기도의 공무원 수를 전국 평균으로 수렴하는 것이 바람직한 방향이 아닐까 한다.

여전히 짓누르는 규제정책

오히려 늘어난 경제 규제

규제를 완화해야 한다는 상부기관의 지시가 떨어지면 담당자들은 우선 규제완화로 분류할 수 있는 모든 것들을 여기에 포함시킨다. 이렇게 해서 언론 등을 통해 규제개혁 업무를 잘 처리하고 있다는 사실이 알려지면 이것으로 나름의 임무를 다했다고 여긴다. 때문에 규제완화 내지 철폐가 정권마다 내세우는 단골 메뉴였지만 규제 대상인 국민의 입장에서 규제완화를 피부로 느끼기엔 역부족이다.

규제권자가 스스로 권한을 내놓는 일을 기대하기는 어렵다. 행정당국에서 근무하는 사람들의 중요한 존재이유는 자신이 갖고 있는 규제의 권한이다. 이를 자발적으로 내놓는다는 것은 스스로 자리를 위태롭게 하는 일이다. 올바른 일이니까 반드시 해야 한다고 주장하기에 앞서

한국, 10년의 선택

인센티브 구조를 정확하게 꿰뚫어볼 필요가 있다. 예외적인 경우가 아니면 누구든 자신의 권리를 스스로 내놓기는 힘들다. 또한 자신이 가진 것을 빼앗기는 상황이 발생하면 새로운 것들로 대체하려 애쓴다. 그래서 규제의 전체 수는 줄어들지만 형식적인 것들이 대부분이어서 정작 묵직한 핵심규제는 남게 된다. 그리고 국민이 느끼는 부담은 대부분 이와 같은 핵심규제에서 비롯한다.

감사원이 2006년 6~9월까지 정부의 경제관련규제개선실태를 감사하고 내놓은 자료가 있다. 단편적인 공개이긴 하지만 규제완화 내지 폐지의 실상을 잘 다룬 보고서다. 결론적으로 최근 3년간 신설 강화된 규제는 1102건으로 폐지 내지 완화된 규제 468건보다 두 배 이상이나 많았다는 점을 지적한다. 한 가지 흥미 있는 사례는 국무조정실 규제개혁기획단의 규제개선이행완료 과제에 대한 부분이다. 기획단은 2004년 8월부터 2006년 6월까지의 기간 동안 모두 790건이 완료되었다고 발표했지만 감사원의 조사 결과에 따르면 실상과 다르다. 감사원 조사에 따르면 실질적인 규제 관련 과제는 790개 중에서 371개에 불과했다고 한다. 이미 개선됐거나 추진 곤란하거나 중복 및 미이행 과제는 371개 중에서 91개, 그리고 실제로 이행된 과제는 280개에 불과했다. 국무조정실 규제개혁기획단의 세부이행 과제 1309개 가운데 개선 완료로 발표한 790개(60.3%) 중 실제로 고쳐진 것은 280개(23.1%)에 불과하다고 지적했다. 반면에 경제 관련 규제는 1999년 12월의 7127개에 비해 2006년 5월을 기준으로 8046개로 오히려 늘어나고 있는 실정임을 강조하고 있다. 이 보고서에 대해 한 전문가는 이런 의미를 덧붙인다.

"우선 감사원 감사 결과를 보면 정부 규제개혁은 눈 가리고 아웅 하는 식이다. 다수 부처에 관련된 덩어리 규제(이른바 전략과제)를 해결하겠다고 출범한 규제개혁기획단은 2006년 6월까지 41개 전략과제, 1309개 세부이행 과제를 선정하였지만 이 중 49.4%인 647개는 기업활동 등을 제약하는 핵심규제와는 거리가 먼 단순 정책성 지원과제였다. (……) 뿐만 아니라 감사원은 대통령 직속의 규제개혁위원회가 행정규제기본법에서 정하고 있는 규제등록의무, 규제일몰제, 규제영향분석 등 규제 신설을 억제하기 위한 제도들을 부실하게 운용했다고 지적했다. 1998년 8월 규제등록 의무화 이후 규제가 잠시 줄어드는 듯하더니 바로 증가추세로 전환한 이유가 있었던 셈이다. (……) 규제개혁이 이런 식이라면 백날 해본들 소용없는 일이다. 재경부 등이 1, 2단계 기업환경 규제개혁 로드맵을 제시했지만 기업들이 큰 기대를 걸지 않은 이유도 같은 맥락이다."

– '규제 늘려놓고 개혁했다는 정부', 〈한국경제신문〉, 2007. 8. 14.

밥그릇 싸움으로 전락해버린 규제완화 정책

규제개혁기획단의 구성을 구체적으로 알고 있지는 못하지만 관련부처 공무원들이 파견 형식으로 모인 것으로 짐작한다. 드문드문 민간인이나 민간단체 직원들이 파견되기는 하겠지만 그들이 주도적인 역할을 담당하지는 않는다. 기획단 업무가 끝나면 관련부처 공무원들은 자신이 일하던 곳이나 유관부처에서 근무할 가능성이 높다.

그들의 인센티브 구조를 살펴보자. 그들이 위험을 무릅쓰고 익명의 다수를 위해 규제개혁의 총대를 져야 할 이유는 어디에도 없다. 이를테면, 몇 건의 규제완화 내지 철폐를 해야 한다는 윗선의 요구와 자신이 일하던 부처의 현실 사이에서 적당한 절충안을 찾으면 된다. 당연히 핵심규제는 제쳐두고 곁다리 규제를 없애는 것에 잠시 반응할 뿐이다.

공무원들이 주도하는 규제완화 작업은 처음부터 성공 가능성이 낮다. 고양이 목에 방울을 다는 일과 다르지 않다. 정권 초기에는 제대로 된 규제개혁을 해보자고 팔을 걷어 붙이지만 이내 용두사미로 끝나고 만다. 앞으로도 별다른 변화는 없을 것이다. 난마처럼 얽히고 부처마다 밥그릇 싸움 차원으로 꿰차고 있는 규제 하에서는 투자가 활성화되어 역동적인 한국을 만들기란 사실상 불가능하다. 특히 전략 규제로 통하는 핵심규제일수록 관련부처 해당 담당자들의 존립 기반에 큰 영향력이 있기 때문에 더더욱 양보가 힘들다.

어느 정부든 새로운 출범 이후 몇 개월이 지나면 관료들에게 많은 부분을 의지하게 된다. 일종의 포획이라고 볼 수 있다. 대부분의 지도자들은 관료에 둘러싸인 채 임기를 마친다. 실제로 고위 관료들은 지도자의 입맛에 맞는 자료와 정보 그리고 정책을 제공하는 데 뛰어난 전문가들이다. 문제는 그들에게 전례, 관례, 그리고 선례가 없는 새로운 것을 생각하고 실행하는 것은 거의 불필요한 일이라는 사실이다. 새로움을 추구하는 변화와 혁신은 그들의 최선책인 현상유지에 걸림돌이 될 뿐이다. 얼마 전 국민적인 관심을 모았지만 아깝게 실패한 동계올림픽 유치에 참여했던 분과 대화를 나눈 적이 있다.

"마지막 프레젠테이션을 앞두고 모두가 열심이었습니다. 그러나 제 눈에는 왜 다들 시늉만 하는 것처럼 보였을까요. 물론 직접적이고 구체적인 노력을 하는 분들도 있었지요. 그러나 정말 많은 분들이 '내가 누구를 만나서 잘 애기했다'는 식의 말을 늘어놓기에 급급하더군요. 밥을 짓는 사람은 없고 밥을 먹겠다고 숟가락을 올리는 사람들만 많았다고 표현할 수 있겠네요. 그래서 아, 이대로 가다가는 힘들어지는 게 아닐까 싶었습니다. 불행하게도 예상대로 된 셈이지요. 밥을 짓는 사람이 턱없이 부족했으니 말입니다."

규제개혁이건 올림픽 유치건 시늉만 하는 것으로는 그 무엇도 이룰 수 없다. 생색을 내기 위해 일하는 분위기가 만연된 이 사회가 과연 변화의 바람을 맞을 수 있을런지 자못 궁금하다.

한국, 10년의 선택

나랏돈은 눈먼돈

08

재정적자로 귀결될 대규모 국책사업

자치단체를 방문할 때마다, 구청마다 저렇게 문화회관이나 체육관이 꼭 필요한 것일까 하는 생각이 든다. 시설을 갖추고 운영하는 데만도 엄청난 비용이 소모될 텐데 말이다. 재정 자립도는 거의 바닥 수준인데도 거액의 비용을 들여 당장 시급하지도 않은 건물을 짓는 경우를 보고는 한 지방자치단체의 기관장에게 그 이유를 물어 보았다.

"물론 저희들도 문제가 있다는 것을 모르지 않습니다. 건립비도 문제지만 운영비가 만만치 않거든요. 저희만 하더라도 재정 자립도가 30%도 채 되지 않습니다. 하지만 다른 곳은 번듯한 문화시설을 갖고 있는데 우리도 그래야 하지 않겠느냐는 구민들의 요구가 대단합니다. 그리고 그런 시설물을 짓는 성공 여부에 따라 주민들이 지방자치단체장의 능력을 평가하기도 하구요. 실제로 문화회관의 경우 운영비만 하더라도 매년 15억 원에 육박하거든요. 주민에게 인정받고 싶은 구청장의 욕심도 있지만 먼저 구민들의 적극적인 요구가 더 중요한 역할을 한다고 봅니다. 저 역시 몇 개의 구청이 공동으로 사용할 수 있는 그런 시설만으로 충분하다고 생각하지만 말이죠.”

예산을 누가 먼저 끌어다 사용하느냐는 관련 국회의원들의 힘이 큰 역할을 한다. 예산 요구액은 나날이 증가하며, 턱없이 증가하는 예산 수요는 이처럼 불요불급한 시설물 건립에 투자되고 있다. 이 가운데 상당 액수는 미래의 소득을 끌어다 미리 사용하는 형식으로 조달되고 있는 실정이다.

뿐만 아니라 지방자치단체를 중심으로 경쟁적으로 이루어지는 대규모 사업의 실상도 문제점을 안고 있기는 마찬가지다. 이런 프로젝트에는 반드시 국책사업비지원이라는 게 들어가기 때문에 지방자치단체마다 필사적으로 국고지원을 따내려고 애쓴다. 그러나 이러한 사업 가운데 상당 부분이 예산 낭비와 엄청난 재정적자로 귀결되고 말 프로젝트라는 점이 문제다. 시작 단계부터 사업성보다는 정치적인 목적에 의해 실시되는 경우가 대부분이기 때문이다. 치밀한 사업적 마인드를 바탕으로 시행되어야 할 사업이 정치적인 의도나 목적을 우선시하다보니 처음부터 실패가 예고된 프로젝트일 수밖에 없다.

한국, 10년의 선택

반면교사(反面教師)라는 말처럼, 후발주자에게는 나름의 이점이 있다. 이미 선발주자들이 치른 대가를 배우고 활용해 비용을 줄이는 일이다. 예를 들어, 일부 지역을 중심으로 이루어지고 있는 대규모 위락시설 건설 프로젝트는 1990년대 일본에서 일어났던 지방자치단체의 대규모 리조트 사업을 연상시킨다.

실제로 일본에서는 1987년 리조트 법이 재정되어 '국가를 위해, 지방을 위해, 국민을 위해, 환경보전을 위해' 리조트 건설이 불가피하다는 논리에 바탕을 두고, 전국 3000곳 국토면적 38%에 해당하는 지역을 리조트로 개발한다는 야심찬 계획을 발표했고 일부 추진되기도 했다. 당시 지방자치단체는 너나없이 계획을 세웠고 일본 전국의 땅값은 급등했다. 차학봉 씨는 『일본에서 배우는 고령화 시대의 국토─주택정책』이란 책에서 한국에서 지방균형발전 정책의 일환으로 추진되고 있는 대규모 관광리조트 산업이 일본의 전철을 밟게 될 것이라고 전망한다.

"낙후지역의 관광산업을 발전시키겠다는 데 누가 반대하겠는가. 하지만 동시다발적인 거대 규모의 관광리조트 개발은 가능하지도 않을뿐더러 지방 발전에도 실질적인 도움을 주기 어렵다는 것이 일본의 사례를 통해 명확히 드러났다. (일본의 지방자치단체들이 추진한) 대부분의 계획은 실현되지 못했고 실현된 관광리조트 또한 차례로 부도를 내며 무너져 지역 경제의 짐이 되었다. (실패의 이유는) 정부 주도의 리조트 계획은 경제논리나 관광논리가 아니라 정치논리로 결정되었다는 점이다. 수익성을 내세운 기업의 리조트 계획과 달리, 정치적으로 결정된 리조트 계획은 수요 창출에 실패할 수밖에 없다. 더군다나 경제수준이 높아질수록 국내 관광보다는 해외 관광의 증가가 두드러지는 것도 한 원인이다. 해외에서 유입되는 관광객들이 폭발적으로 늘지 않는다면 새로운 초대형 관광지는 결국 기존의 제주-경주-강원-금강산 관광객들을 분산시키는 역할을 할 것이다. 일종의 '제로섬' 게임으로 전락할 수 있다. 외국 관광객이 한국을 찾는 이유가 초대형 리조트를 찾기 위해서는 아닐 것이다. 초대형 리조트는 이미 일본과 중국, 미국에도 많다."

– 차학봉, 『일본에서 배우는 고령화 시대의 국토-주택정책』, pp.92-95.

정치논리에 희생된 국가 살림살이

뿐만 아니라 복지 성격의 예산 지출을 비롯한 정부의 재정 지출은 꾸준히 증가해 왔고 동시에 국가 재정의 적자 규모는 이번 정부 들어 계속 확대되는 추세다. 재단법인 자유기업원은 '노무현 정부와 재정 및 조세'(안종범, 성균관대 경제학부 교수) 보고서를 통해 지난 4년 동안 정부의 재정 지출 추이에 대한 자료를 발표한 바 있다. 보고서는, "중앙정부와 지방정부의 확정채무/GDP 비율이 1997년 말 10% 초반 수준에서 2005년 30%로 늘어난데 이어 같은 기간에 보증채무/GDP 비율은 2%대에서 19.6%로 증가했다"는 사실을 강조한다.

또한 이 보고서는, "우리나라 통계에는 빠져 있지만 정부산하기관

1997년 - 2006년 통합재정수지 현황 (단위 : 조원)										
	1997	1998	1999	2000	2001	2002	2003	2004	2005	2006
통합재정수지①	-7.0	-18.8	-13.1	6.5	7.3	22.7	7.6	5.2	5.1	0.9
사회보장성수지	5.9	6.1	7.4	12.5	15.5	17.6	19.6	21.2	23.6	26.0
공적자금상환②	-	-	-	-	-	-	13.0	12.0	12.0	12.0
공적자금 보증채발행③	1.0	15.7	9.8	4.6	16.0	1.9	-	-	-	-
사회보장성기금 제외시 수지	-12.8	-24.9	-20.4	-6.0	-8.2	5.1	-12.0	-16.0	-18.5	-25.1
관리대상수지④	-12.8	-24.9	-20.4	-6.0	-8.2	5.1	1.0	-4.0	-6.5	-14.9
조정된 통합재정수지⑤	-11.9	-40.6	-30.3	-10.6	-24.2	3.2	1.0	-4.0	-6.5	-13.1
적자국채발행현황 (순발행)	-	9.7	10.4	3.6	2.4	1.9	3.0	2.5	9.0	8.0

① 1997년~2005년 : 결산 기준 통합재정수지(2005년 잠정), 2006년 : 추경예산 기준 통합재정수지
② 보증채로 발행되어 있던 공적자금을 2003년부터 국채로 전환하여 상환하였음.
③ 국채전환 보증채 총액(공적자금상환) 49조 원을 연도별로 2.1%(1997), 32.2%(1998), 19.9%(1999), 9.4%(2000), 32.6%(2001), 3.8%(2002)의 비율로 배분하여 계산. 이 비율은 전체 국채전환 및 비전환 보증채의 연도별 발행비율임.
④ 관리대상수지 = 통합재정수지 - 사회보장성기금수지 + 공적자금상환원금
⑤ 조정된 통합재정수지 = 통합재정수지 - 사회보장성수지 - 공적자금 보증채 발행 + 공적자금상환

- 안종범, 「노무현 정부와 재정 및 조세」, 자유기업원, 2007.

채무와 공적연금, 책임준비금부족액, 공적자금손실금, 건강보험누적 적자 등을 통합하면 국가채무의 규모가 GDP 대비 45%에 육박한다"고 지적한다. 재정악화는 경기침체와 맞물리면서 재정수지 악화가 반복 되는 악순환의 고리를 형성하고 더욱이 이자 증대로 인한 재정부담 상 승과 이로 인한 민간투자를 줄이는 민간투자 구축효과를 낳게 되었다

는 점을 강조한다.

자유기업원 보고서에서 우리가 주목해야 하는 대목은 두 번째 항목인 사회보장성 수지가 2000년의 12조 5천억 원에서 2006년의 26조 원으로 증가한 부분이다. 동시에 적자국채 규모가 2002년 1조 9천억 원에서 2006년의 8조 원으로 증가한 부분도 관심을 가져야 한다.

국가의 살림살이는 개인이나 기업처럼 완벽한 수준의 합리적 소비가 불가능하다. 그래서 일정한 수준의 낭비는 불가피할 수밖에 없는데, 그렇더라도 빠른 속도로 재정적자가 증가하는 문제어 대해서는 경각심이 필요하다. 일부에서는 선진국과 비교해 적자예산 액수나 비중이 나라 경제에 비해 낮은 수준이기 때문에 우려할 정도는 아니라는 목소리도 있다. 하지만 빚은 적으면 적을수록 좋은 법이니, 소득 범위 내에서의 예산 지출은 합리적인 소비를 위한 황금률에 해당한다. 습관적으로 이를 무시하는 일은 빚을 지는 행위에 점점 더 무뎌지는 것과 다르지 않다. 특히 정치인들의 경우 짧은 재임 기간 동안 자신의 이익을 극대화하려는 경향이 있어서 이후 어떤 문제가 생길지에 대해서는 중요하게 여기지 않는다.

오늘날 일본이 경험하고 있는 재정적자 역시 10여 년 동안 경기 회복을 위한 방만한 재정운영이 나라 경제에 얼마나 큰 타격을 주는지 보여주는 전형적인 예다. 재정적자 증가는 예산운용의 효율성을 크게 저하시킨다. 예산총액 가운데 이자지불이 차지하는 비중이 증가하기 때문이다. 나중에는 재정적자의 원금과 이자지불을 위해 또다시 적자예산을 편성해야 하는 어려운 상황이 벌어지게 된다. 건전한 재정은 국가의 위기관리라는 점에서도 유용하다. 외환위기라는 어려운 상황에서도 우리가 어려움을 극복할 수 있었던 중요한 이유 가운데 하나는 엄격한 재정운용이 있었기 때문이다. 그러나 근래들어 정치적인 외풍으로부터 예산부처를 보호할 수 있는 길은 거의 남아 있지 않다.

늘어나는 공짜 점심과
잘못된 의타심

편법으로 새는 나랏돈

누군가를 돕는 일은 선의(善意)에서 나온다. 그런데 본래 의도와 달리 선의가 엉뚱한 결과를 낳을 때가 있다. 선의에서 출발한 복지제도라 하더라도 실천 단계에 들어가면 오직 나랏돈을 쓰는 데에만 집중하는 사람들이 있다.

인력 재훈련을 위해 막대한 예산을 집행하고 있는 해당 관청을 예로 들어보도록 하겠다. 명분은 근로자의 기능을 재훈련시킴으로써 미리미리 자신의 미래를 준비하도록 돕는다는 취지다. 그러나 일단 시행되고 나면 어느 틈에서든 낭비가 발생한다. 조직이건 개인이건 필요에 관계없이 가능한 정부 지원을 많이 받고자 기를 쓴다. 나랏돈쯤이야 먼저 가져다 쓰는 사람이 임자라는 생각이 지배적인 것이다. 하지만 누구도

한국, 10년의 선택

양심의 가책을 느끼거나 제어하려 들지 않는다. 이런 부작용을 일일이 단속할 방법이 없다 보니, 처음에는 한두 사람에 불과하던 편법자의 수가 순식간에 눈덩이처럼 불어난다. 복지국가를 걸어온 대다수 선진국 또한 이와 같은 난제로 골치를 썩는다. 아무리 선의에서 출발했다고 해도 제도의 허점을 악용한 사람들이 늘어나면서 이내 제도의 목적마저 상실되고 만다.

몇 해 전 한 방송사에서 영국의 10대 미혼모 문제를 다룬 적이 있다. 영국이 주변 유럽국가에 비해 10대 출산이 많은 이유를 분석한 프로그램이었다. 참고로 10대 출산 가운데 미혼모가 차지하는 비중은 미국과 일본이 각각 62%와 10%인데 비해 영국은 87%로 가장 높다. 10대 미혼모의 경우처럼 사회적 약자를 보호하기 위한 과도한 지원, 예를 들면 수당지원, 공영주택무상지원 그리고 무료의료서비스 등이 이례적으로 높은 출산율을 낳게 되었다고 한다. 이런 지원이 가져오는 문제점을 인식한 영국 정부는 2010년까지 10대 임신율을 절반으로 줄일 계획을 갖고 있다.

근로자의 교육을 지원하는 공적 기관에 근무하는 사람과 대화를 나눈 적이 있다.

"실상 저도 이 분야에 종사하지만 편법이 너무 많습니다. 그리고 실제 현실과 거리가 먼 교육 프로그램조차 일정한 규정만 맞추면 지원금이 지급되기 때문에 낭비가 발생하죠. 담당자 입장에서는 몇 명이 수강했고 이를 기초로 얼마가 집행되었다는 사실만으로도 충분하거든요. 프로그램의 효과에 대해서는 아무도 상관하지 않습니다. 그래도 그냥 하는 수밖에 없죠, 뭐. 게다가 일단 한번 정해진 혜택은 웬만해선 없어지지 않거든요. 한마디로 지원제도가 생겨날 때마다 낭비가 발생한다고 보면 됩니다. 그런데도 주무 부처에서는 일단 예산을 확보하는 일이 중요하죠. 절실하게 필요한 것이든 아니든 무조건 많은 예산을 확보할 수 있는 아이디어를 얻기 위해 일한다고 해도 과언은 아닐 겁니다."

결과적으로 이런 낭비를 메우기 위해 납세자들이 더 많은 세금을 지원할 수밖에 없다는 황당한 결론이 나온다. 오랫동안 어린이집을 운영하고 있는 한 분이 필자의 커뮤니티에 다음과 같은 글을 올린 적이 있다. 복지 차원에서 실시되는 지원정책이 어떤 효과를 낳는지 짐작할 수 있는 대목이다.

"저는 어린이집을 운영하고 있습니다. 몇 년 전 어린이집 관할이 보건복지부에서 여성부로 넘어가게 되면서 보육료지원과 교사최저임금책정, 정원철저, 전산화를 통한 회계보고 등을 실시하고 있습니다. 그런데 보육료지원을 보면, 차도 있고 집도 있는 가정인데 모두 다른 사람의 명의로 해놓고는 재산이 없는 것처럼 꾸며 기초수급권자 자격으로 국가보조를 받는 경우가 있습니다. 그렇다 보니 정말 보조를 받아야 하는 가정이 이를 받지 못하는 경우가 비일비재합니다. 이게 모두 국민들이 낸 세금인데 말이죠.

또 교사 최저임금을 책정하면서 4대 보험과 높은 인건비 등 때문에 하는 수 없이 원비를 올리게 되는데 그 경제적 부담이 고스란히 학부모에게 돌아가고 있습니다. 투명한 경영은 좋지만, 자본을 투자한 사업체에서 자신의 월급 분 이상의 수익을 남기지 못하게 한다는 말이 있습니다. 좌파개념의 정부가 들어서면서 제살 깎아먹는 식의 복지정책이 난무하는 듯합니다."

빈곤층을 양산하는 지원정책

지원정책은 사람들로 하여금 공짜 점심을 당연하게 여기도록 만들며 자활 의지를 꺾어 놓는다. 동시에 그런 비효율적 제도를 지원하기 위해 많은 국민들이 상당한 비용을 추가적으로 지불해야 한다. 이 모든 것들이 결국은 누구의 돈이냐를 떠나 국가 전체의 낭비를 불러온다. 참여정부의 지난 5년은 빈곤을 개선하기 위한 각종 사회적 지출 증대가 정책의 중요한 부분을 차지했다. 그 효과를 측정하기에는 조금 이른 감이 있지만, 보건복지부가 발표한 '국민기초생활보장수급자 현황'은 우리 사회가 빈곤 문제에 어떻게 접근해야 하는지에 대한 재검토를 요구한다. 이에 따르면 2006년 말을 기준으로 기초생활수급자는 83만 1692가구, 153만 4950명에 이른다. 이 숫자는 2005년에 비해 가구 수가 2만 1947가구(2.7%), 인원으로는 2만 1598명(1.4%)이 늘어났음을 뜻한다.

가구 기준으로 2001년 69만 8075가구에서 2002년 69만 1018가구로 줄었으나 참여정부가 들어선 이후 다시 증가세로 돌아서 2003년 71만 7861가구, 2004년 75만 3681가구, 2005년 80만 9745가구로 늘었다. 인원도 2001년 141만 9995명에서 2002년 135만 1185명으로 감소했다가 2003년 137만 4405명, 2004년 142만 4088명, 2005년 151만 3352명으로 증가세를 보였다. 예상과는 달리 지난 4년 동안 기초생활보장수급자의 숫자는 지속적으로 늘어났다. 뿐만 아니라 그 증가폭 또한 더더욱 커지고 있다는 사실은 아무리 선한 의도로 시작한 각종 정책이라 하더라도 결과까지 좋으란 법은 없다는 생각을 갖게 한다.

보건복지부는 자료를 발표하면서 이러한 현황을 빈곤층의 확대로 해석하는 것은 경계해야 한다고 말하면서, 정부가 보호대상을 지속적으로 확대한 이유 때문이라고 강조한다. 하지만 전적으로 그런 요인으로만 돌리기에는 찜찜한 점이 있다. 주변의 여러 여건상 일할 의사를 포기한 이른바 15세 이상 비경제활동인구 수는 2002년의 75만 5792명에서 지난해 말 112만 9487명으로 늘어났다. 스스로 보조금에 의지해 자활의지를 상실한 사람들이 늘고 있는 것은 아닌가 하는 우려를 갖게 된다. 이런 명백한 사실을 정치적 이익 혹은 책임회피를 위해 외면할 것이 아니라 빈곤층 확대의 근본적 원인이 어디에 있는지를 정확하게 판단한 다음 적절한 조치를 취해야 할 것이다.

또 하나 관심을 끄는 사실은 2007년 노동부 산하 한국고용정보원이 발표한 자료다. 지난 1월부터 6월까지 실업급여신청자가 36만여 명으로 작년 같은 기간보다 무려 36% 늘어났다. 문제는 지난해부터 실업률이 하향 안정화되어 가고 있는 추세임에도 불구하고 2004년 이후 이 숫자는 매년 3~5만 명 정도씩 꾸준히 증가하고 있다는 것이다.

객관적이고 정확한 실태조사가 이루어져야 하겠지만, 고용보험이란 방패막이에 기대어 의지를 상실한 채 안일하게 살아가는 사람들이 늘고 있는 것이 아닌가 하는 걱정을 떨칠 수가 없다. 최근에는 이런 문제점을 개선하기 위해 실업급여 부정행위자를 신고하는 사람에게 최고 50만 원을 지불하는 신고제까지 실시하는 곳도 있다. 실제로 사업자와 근로자가 공모해 실업급여를 타내는 경우를 적발하기란 여간 어렵지 않다고 한다. 제도를 만드는 시점에서부터 더욱 신중해야 하는 이유가 바로 여기에 있다.

거꾸로 가는 노동운동

이기적으로 변질된 노동운동

어떤 사회운동이라도 시간이 지나면 시계추처럼 좌우로 움직이며 균형을 찾아간다. 우리의 노동운동 역시 비용을 지불하며 균형을 찾아가는 과정이다. 나이를 먹어가면서 사람들은 과격한 투쟁을 선호하기보다는 온건한 쪽을 택한다. 세월을 통해 다양한 경험을 하다보면 세상일이라는 것이 흑과 백의 이분법적 사고만으로 판단할 수 없는 게 꽤 많다는 사실을 깨닫기 때문이다. 게다가 급속한 변화가 말처럼 쉽지 않은 일이며 그리고 그런 일들이 과연 올바른가에 대한 생각 또한 달라진다. 격렬한 파업의 날들을 거치고 이제는 안정적인 노사관계를 구축한 몇몇 대기업을 지켜볼 때마다 '세월이 약이다'라는 말이 떠오른다. 젊은 날의 격정은 나이와 함께 사그라지고 그 자리에 서서히 지혜의 샘이 들어찬다.

그러나 우리의 노동문제는 여전히 활화산에 비유되곤 한다. 과거와 달리 상급 노동단체의 활동이 활성화되면서 기존에 존재하지 않던 문제마저 나타난다. 초창기에는 그들 역시 노동자들의 권익을 보호해야 한다는 순수한 열정에서 출발했을 것이다. 하지만 위치가 높아지면서 겉으로는 노동자들의 권익보호를 내세우지만 어느새 자신과 자신이 속한 그룹의 이익을 극대화하는 방향으로 행동을 옮긴다. 선명한 기치를 내걸고 갈등과 분쟁을 조정한다고 말하면서 다른 한편으로는 무리한 요구로 사용자 측과 충돌하고 개별 사업장의 조합원들을 부추긴다. 그래서 상급 노동단체가 개입하는 곳에서는 어김없이 노동운동이 격화되고 있다.

노동3권이 보장되는 나라에서 자신의 의사를 관철하기 위한 조합원들의 단체행동을 비난할 수는 없다. 그러나 그들 자신의 권리와 생존권이 중요하듯 사용자의 재산과 생존권 역시 중요하다는 사실을 무시한 행동은 비난의 대상이 된다. 비정규직 문제가 사회적 쟁점이 되었을 때 이랜드 그룹 경영자 측의 의사결정에 대항해 노동조합은 사업장 점거라는 초강수로 맞섰다. 각자의 입장에서 취한 행동이겠지만 어쨌든 많은 입주업체들이 생존권을 위협받았다. 이런 사태는 무려 2주 이상 묵인되거나 방치되었다. 원칙을 집행하는 주무부처의 결단력 있는 행동이 있을 때 비로소 노동운동의 방향도 긍정적인 쪽으로 흘러가는 것일 텐데 말이다. 더욱 당혹스러운 일은, 법원의 명령에도 불구하고 일부 사업장을 다시 점거하는 일이 일어났으며 사용자 측이 조합 책임자급에 대해 제기한 민형사상의 책임을 면죄해 달라는 노동조합 측의 요구가 있었다. 누군가에게 피해를 끼쳤다면 이에 대한 배상과 책임은 너무나 당연한 일임에도 불구하고 면죄를 운운하며 이를 당연하게 여기는 풍토는 참으로 이해하기 힘들다.

물론 내버려두면 충분한 시간이 흐른 뒤 제자리를 찾아가게 될지도 모를 일이다. 하지만 거대 중국시장과 비교해 한국의 지정학적 위치는 그리 좋은 편이 아니다. 여기에다 노사관계의 갈등이 지속된다면 당연히 한국에 대한 투자 열의는 식을 수밖에 없다. 이미 외국자본기업들 가운데 사업장의 이동과 철수를 발표하거나 고려하는 기업들이 늘고 있다. 노사관계뿐만 아니라 원가경쟁력 또한 큰 문제가 되고 있다. 그들의 움직임이 있기 이전에 이미 한국기업들의 국내시장 탈출은 시작된지 오래다. 노사문제를 드러내놓고 거론하지는 않지만 이는 경영자들이 의사결정을 하는데 큰 비중을 차지한다. 원가경쟁력 때문에 조선업계 대부분의 기업들이 해외공장 증설에 열을 올리는 실정인데 반해 최근 현대중공업이 한국 내 도크 건설을 결정한 일은 대단히 시사하는 바가 크다. 노사관계만 원만하다면 한국에서의 사업이 훨씬 유리하다는 점을 단적으로 드러낸 사례다.

노동정책 역시 단기적인 이익을 쫓기보다는 시대의 흐름과 함께 발맞춰야 한다. 이번 비정규직 관련정책은 정치인들의 단견(短見)이 현장에서 어떤 폐해를 낳는지 보여준 전형적인 사례다. 제품의 라이프사이

클이 짧아지고, 변화 속도가 가속화되면서 기업의 입장에서는 고정비 성격을 지닌 다수의 정규직을 유지하기 어렵다. 그래서 끊임없는 구조조정으로 핵심기능 이외에는 아웃소싱과 파견제 근무 등을 통해 경영 리스크를 줄이려 한다. 이런 방식에 대한 이견이 분분하지만, 기업이 자선단체가 아니라는 점을 확실히 인식해야 할 것이다.

생존과 성장을 위해 지속적으로 변신하지 않을 수 없는 곳이 조직이다. 이런 시대 변화에 맞춰 조직의 선택영역을 확대하는 방향으로 정책의 유연성을 높임으로써 근로 기회의 확대도 함께 도모할 수 있다. 시대환경의 변화를 적극적으로 수용한다는 측면에서 일정 기간 이상 고용한 비정규직원을 정규직으로 의무화하라는 권유는 옳고 그름의 문제를 떠나 억지스런 면이 있다. 그럴 경우 기업 측이 어떻게 대응할지는 상상하고도 남음이다. 단견에 사로잡혀 현장에 불협화음을 일으키는 정책은 차라리 세우지 않느니만 못하다.

시대와 동떨어진 기관들

시대와 동떨어진 행정구역

일단 한번 만들어진 공적 조직은 조직의 존립 의의가 상실되더라도 그 생명을 지속하려는 속성을 지닌다. 상황이 그쯤 되면 거기에는 만만치 않은 비용의 세금이 지원된다. 하지만 이러한 조직을 정비하는 일은 시끄러운 민원을 제기하기 때문에 누구도 선뜻 나서지 않는다.

현재 우리나라에는 16개의 광역자치단체와 234개의 시군구로 이루어진 기초자치단체가 있으며, 이들은 저마다 독립된 행정조직을 갖추고 있다. 현재의 행정구역은 조선시대부터 내려온 8도 체제, 일본식민시대의 근대행정조직편제로 구성된 도-시, 군-면-리(동) 체계가 지속되고 있다. 이런 농업중심의 행정구역 체계는 오늘날처럼 교통과 정보 인프라가 잘 발달된 상황의 변화를 수용하지 못하고 있는 실정이다. 김광동 나라정책원장은 농촌인구의 급감과 도시인구의 증가가 가져온 행정체계의 문제점에 대해 이렇게 지적하고 있다.

"40년 전만 하더라도 도 산하의 군은 약 10만 내지 15만 명 전후의 행정단위였다. 예를 들어 40년 전인 1966년을 기준으로 보면 경북 예천은 16만 명, 경남 합천은 19만 명, 그리고 전남 장흥은 14만 명이었다. 그러나 약 35년이 흐른 2000년을 기준으로 보더라도 예천, 합천, 장흥 등은 5만 명 수준으로 지속적으로 감소 추세에 있다. 그 외의 다른 지역 군들도 대개 4만 명 전후이고 경북 영양군, 전북 장수군 등 많은 군들은 현재 2만 명 전후이거나 3만 명도 되지 않는 형편이다. 과거 군 행정구역에 비해 그 인구수가 1/3 정도로 줄어든 것이다.

이에 따라 기초행정단위인 면의 인구도 과거와 너무도 달라져 있다. 1만 내지 2만 명 전후의 인구를 가지고 있던 면이 현재는 불과 3천 명 내지 4천 명이 보통이고, 2천 명 전후의 인구를 가진 면도 무수하다. 예를 들어, 영월군 하동면이 1만 2천 명에서 1천7백 명으로, 안흥면이 1만 9천 명에서 2천6백 명 수준이 된 것에서 보듯이 현재의 면 인구수는 과거의 약 1/5 수준 정도로 줄어들었다. 이러한 예를 보아도 현재 군의 인구 규모는 40년 전의 인구와 커다란 차이가 없을 만큼 현저히 감소했음을 보여준다. 결과적으로 현재의 군의 운영은 이러한 인구 규모의 변화에 관계없이 과거의 체제를 그대로 따르고 있는 것이다."

– 김광동, '생활권 중심의 행정구역 개편이 필요하다', 2006. 4. 17. www.cfe.org

인구 면에서만 보더라도 그동안의 변화는 매우 큰데 반해 과거의 행정구역은 거의 변화가 없는 실정이다. 그렇다면 이처럼 과거의 체제를 무작정 끌고 나갈 때 발생하는 문제점은 무엇인가. 군과 면이라는 행정단위가 유지되면 이에 따라 경찰서, 우체국, 소방서, 교육청, 농협, 학교 등의 유관기관을 포함해야 한다. 그래서 인구 30~50명당 공직자 수가 한 명인 경우의 군을 쉽게 볼 수 있다. 여기에다 기초단체장, 지방의회 의원, 국회의원까지 있어야 하니, 결국 고비용이 지속적으로 투입되어야 한다. 이에 대해 김광동 원장은, "인구 5만 명 전후의 군에 소속된 군청 공무원 수가 700여 명이다. 예를 들어 경북 의성의 인구는 6만 명 수준이나 공무원은 784명이다. 대도시 두 개 동의 동사무소 직원이 700명을 넘는다면 아무도 동의하지 않을 것이지만 군이라는 행정구역 때문에 그런 체제가 유지되고 있다"고 지적한다. 시대와 동떨어진 행정체제를 유지함으로써 발생하는 직간접 비용을 추계하면 이 문제를 그냥 덮어둘 수 없다는 것에 동의할 것이다.

시대의 변화에 맞춰 행정구역을 개편하면 많은 재원을 신(新)청사, 문화회관 등을 짓거나 토지를 매입하는 데 투입하지 않아도 된다. 작은 사례라고 간주할 수 있지만, 각각의 지방자치단체가 유지하는 의회 역시 처음에는 무급 봉사직으로 출발했지만 최근에는 모두 유급으로 바뀐 경우 또한 비용 낭비의 하나라고 할 수 있다. 2005년을 기준으로 보면 자체 수입으로 공무원의 인건비를 해결할 수 없는 지방자치단체가 모두 41곳이나 된다. 그런데 2000년만 하더라도 28곳에 지나지 않았던 지방자치단체가 급격하게 늘었다는 데에 문제가 있다. 이제 우리가 해야 할 일은 시대상황과 동떨어진 행정구역을 광역화하도록 돕는 일이다. 마치 기업이 매수합병을 통해 대형화 방향으로 나가듯이 말이다.

행정구역의 광역화

조직운영의 기본원칙 중 하나는 가능한 지원 부서를 줄이는 일이다. 행정구역의 광역화는 우선 비용절감에 이바지할 수 있다는 이점을 들 수 있다. 특히 농촌지역의 기초자치단체를 살펴보면 이미 적정 인구수 이하로 떨어진 곳이 태반이다. 우선적으로 이들 지역을 통폐합하는 방안을 찾아야 한다. 행정조직의 통폐합 문제는 우선 지역구를 둔 국회의원들의 입지와 관련되기 때문에 쉬운 일은 아니지만 그렇다고 무작정 방치할 수도 없다. 지금이야 그럭저럭 넘어갈 수 있을지 몰라도 얼마 지나지 않아 우리 사회는 인구증가율 둔화로 인한 재정 압박에 봉착하게 될 것이다. 문제가 악화되기 이전에 미리미리 해결 방안을 찾아두어야 한다.

이웃 일본의 경우 1953년 9천8백여 개에 달했던 기초단체인 시(市), 정(町), 촌(村)의 숫자를 2003년이 되면서 1/3 수준인 3184개로 줄였고, 2006년 3월에는 1974개까지 줄였다. 일본은 1999년 '시정촌합병특례법(3차)'을 만들어 지방자치단체 합병을 적극적으로 추진했다. 기초자치단체에 대한 구조조정 작업이 마무리 되면서 현재는 1도(都, 동경), 1

도(道, 북해도), 2부(府, 오사카, 교토), 43현(縣)으로 구성된 47개 광역단체를 10개 내외의 '도(道), 주(州)'로 재편하는 작업이 활발하게 추진되고 있다. 참고로 일본의 국토가 남한의 네 배임을 감안할 때 한 개의 현이 우리의 시군 네다섯 개를 합친 것에 해당한다는 사실에 집중할 필요가 있다.

그 밖에 유럽에서도 행정구역을 광역화하는 작업이 지난 20~30년에 걸쳐 지속적으로 추진되고 있다. 영국은 1990년대 지자체 통합이 본격화 되었는데 잉글랜드는 33개 자치단체를 통합해 런던 청으로, 스코틀랜드는 9개 광역, 53개 기초단체를 22개 통합자치단체로, 웨일스는 기존 8개 광역, 37개 기초단체를 22개의 통합자치단체로 줄인 바 있다. 지방정부의 생존 차원이라는 뚜렷한 개편 방향으로 행정구역 개편이 적극적으로 추진되고 있다.

이처럼 지방자치단체의 인수합병으로 얻을 수 있는 최대 효과는 재정 건전성과 효율성이라는 점이다. 교통과 통신의 발달로 주민생활권이 얼마든지 통합 조정될 수 있지만 이해당사자들의 반발과 주민들의 정서적인 문제가 걸림돌이 되고 있다.

한국, 10년의 선택

정략에 휘둘리는 대북정책

우리가 남인가?

북한에 관한 주제는 대단히 논쟁적이다. 개개인의 가치관과 세계관에 따라 이견이 분분하다. 그런 점을 충분히 인지한 상태에서 생각을 정리할 필요가 있다. 논쟁적이고 이념적이긴 하지만 그냥 덮어버릴 수만은 없는 문제이기 때문이다.

북한은 언어나 인종이 같은 한민족이다. 그래서 우리 헌법은 대한민국의 영토를 한반도와 그 부속 영토로 정의하고 있다. 민족이란 개념은 실제로 민족주의 국가가 한참 힘을 얻어가던 19세기 무렵에 생겼다. 역사적으로 민족주의는 국가 간의 영토 분쟁의 원인이 되기도 했고 자국민 우선주의에 바탕을 둔 세계 전쟁의 원인을 제공하기도 했다. 지금도 정치인들은 끊임없이 민족주의적 정서를 이용해 자신의 정치적 이해와 입지를 굳히려고 시도한다. 북한이 즐겨 사용하는 '우리 민족끼리'라는 정치적 구호 역시 민족주의를 이용하는 전형적인 사례이며, 대한민국에서 서슴없이 스스로를 진보적이라고 칭하는 사람들도 '우리 민족끼리'라는 구호를 즐겨 사용한다.

길지 않은 역사를 가진 민족이란 단어는 집단주의적 색채를 강하게 띤다. 그래서 민족이란 단어 자체가 주는 감성과는 달리 항상 집단 간의 다툼이나 대결구도를 형성하는 데 이바지한다. '우리가 남인가'라는 구호만으로 이성적인 모든 판단을 중단시키는 경우도 있다. 그러한 집단은 매사 우리 민족과 외세라는 이분법적 구도로 대중에게 호소한다. 특히 개인이나 개인주의에 대한 확고한 사고를 정립하지 못한 젊은이들에게 '우리와 외세'는 그 어느 것보다 감성을 자극하는 구호다.

'민족'이나 '우리'가 작위적인 개념인데 반해 자유사회의 기초에는 '개인'이란 단어와 개념이 존재한다. 권력은 이러한 개인의 동의로부터 나온다. 우리 사회에서는 관이 민에 군림하는 것을 너무도 당연하게 여기지만, 논리적으로 따져보면 대통령이 행사하는 힘의 기초는 개인에 그 바탕을 두고 있다. 대북 문제 역시 예외는 아니다. 북한이란 영토에 운명적으로 살게 된 북한 주민 개개인의 입장에서 문제에 접근할 필요가 있다. 서울대 이영훈 교수는 『대한민국 이야기』라는 저서에서 민족주의가 북한 문제의 해결에 어떤 악영향을 미치고 있는지에 대해 이런 의견을 피력한다.

"굳이 소리를 높여 민족주의를 비판해야 하는 이유가 무엇입니까. 민족주의의 거대한 동원력이 정치적으로 악용된다면 그 후환은 정말 감당하기 어렵다고 생각합니다. 그 점이 진정 두렵기 때문에 민족주의를 비판할 수밖에 없는 것이지요. 우리와 우리 자손의 물질생활과 정신생활을 풍요하게 만들어가는데 민족주의라는 집단적인 열정의 한계는 너무나 명백합니다. 그보다는 자유와 인권과 평등이라는 인류 보편적인 가치가 훨씬 창조적인 역할을 수행합니다. (……) 유감스럽게도 오늘날 우리는 민족주의의 폐해를 천황제와 나치즘보다 훨씬 지독한 북한의 수령체제를 추체험(追體驗)하고 있습니다. 북한 수령체제의 기본원리는 다 잘 아시는 대로 혈연원리의 민족주의입니다. 거기서는 국가와 민족이 하나의 유기체입니다. 그리고 수령은 유기체의 뇌수로서 생명 그 자체이고 당과 군대는 몸체이고 인민은 수족에 불과합니다. 이것이 주체사상의 정치원리이지요.

거기서는 오늘날 우리가 향유하고 있는 자유, 인권, 법치, 사유재산, 시장, 자기책임 등과 같은 문명의 기초 요소는 없습니다. 그런데 한국의 민족주의는 그러한 수령체제에 대한 비판에 소극적입니다. 오히려 친화적인 면까지 보이기도 하지요. 왜 그럴까요. 민족주의인 이상 서로 통하는 점이 있기 때문에 그렇지요. 그래서 어떤 현실이 벌어지고 있습니까. 중고등학교 교과서를 보십시오. 자유민주주의에 입각한 통일의 원칙이 명확히 제시되지도 않은 채, 남북한의 정상이 서로 껴안고 있는 사진을 몇 번이나 보여주면서, 마치 통일이 임박한 것처럼 이야기하고 있습니다. 그 통일은 도대체 누구를 위한 통일입니까. 통일을 이루려면 우선 북한의 수령체제가 해체될 필요가 있다는 비판은 교과서에 보이지 않습니다. 참으로 위험한 민족주의의 함정이 아닐 수 없지요."

– 이영훈, 『대한민국 이야기』, pp.45-47.

주민들의 적법한 동의를 얻지 못한 권력은 정당화될 수 없다. 우리가 그토록 오랜 시간 동안 민주화를 위해 노력하고, 국제 사회가 한국인의 노력을 외면하지 않고 관심을 기울인 데에는 그만한 이유가 있어서다. 직접선거와 의회민주주의라는 외관을 바탕으로 한 자유민주주의 체제가 절대 권력에 의한 개인 권리의 침해를 막을 수 있는 그나마 가능한 대안이라 생각했기 때문이다. 선의로 출발한 어떤 권력이라도 적절한 제어장치가 없다면 폭정으로 바뀔 가능성이 있다. 캄보디아의 폴 포트 정권이나 아프간의 탈레반 정권, 이라크의 후세인 정권이 어떠했는지를 통해 알 수 있다. 절대 권력이 어떠한 악행을 저지를 수 있는지를 보여주는 생생한 사례다.

그런 면에서 볼 때 국민으로부터 권력을 위임받지 않은 절대 왕정에 가까운 북한의 정치권력을 어떤 관점으로 이해할 수 있을까. 이는 북한 문제를 다루는 핵심적인 과제며, 실질적인 접근 이전에 우리 사회의 도덕적인 기초를 테스트하는 중요한 계기다. 다음은 한 국가의 도덕적 정당성에 대한 링컨의 이야기다.

"남북전쟁 바로 전날 아브라함 링컨은 다음과 같이 말했다. 미국은 도덕적 폭행, 즉 노예제도를 타파하지 않는 한 전 세계인을 위한 진정한 희망의 등대가 될 수 없다. 링컨은 그 투쟁이 아무리 힘들다 할지라도 미국이 세계의 이상이 되기에 그리고 미국인들이 더 이상 양심의 고통으로 괴로워하지 않아도 되기에 결국 세계는 더욱 살기 좋은 곳이 될 것이라고 선언했다."

– 그리그 이스터브룩, 「진보의 역설」, P.323.

도덕적 정당성을 잃은 북한문제

먹고사는 문제에 왜 도덕적 정당성이 필요한가라고 되물을 수도 있다. 어떤 조직이나 국가, 개인의 행동에는 반드시 정당성이 따라야 한다. 북한을 지원하는 행위에도 역시 왜 도와야 하는가, 어떻게 도와야 하는가, 어느 정도를 도와야 하는가 등에 대한 도덕적 정당성의 기초가 바탕에 깔려야 한다. 아무리 실용적인 목적이 합리화되어도 옳지 않은 일은 죄에 해당한다.

역대 지도자들을 보면 임기가 끝나기 전 서둘러 남북정상회담을 여는 경우가 있다. 명분이란 늘 만들면 되는 것이기에, 구국의 결단이며 한반도 평화에 결정적인 기여를 할 수 있는 일이라는 주장에 여론은 극찬을 아끼지 않는다. 그러나 얼마 지나지 않아 결국 개인적인 영예를 누리기 위한 목적이 대부분이었음을 우리는 알게 된다. 2000년 6월,

분단 이후 처음으로 당시 김대중 대통령은 열렬한 환영을 받으며 남북 정상회담을 마치고 서울로 돌아와, "이제 한반도에 전쟁 위협은 없다"고 선언했다. 과연 그럴 수 있을까 의심스러웠다. 역사적으로 유화정책이 전체주의의 숨은 의도를 포기하도록 한 경우가 있었기 때문이다. 남한이 낭만적인 평화 무드에 젖어 있는 사이 북한은 핵무기를 개발하고 이를 기정사실화했다.

이 책을 쓰는 시점에 두 번째 정상회담 소식이 전해지고 있다. 이번에도 구국의 결단이고 한반도에 평화를 정착시키기 위해 필수적인 선택이라는 긍정적인 평가를 받을 수 있을까. 아니면 정치적 이해를 위해 원칙을 훼손하고 북한 주민들의 고통만을 연기한 일부 정치인들의 술수라는 평가를 받을까. 왠지 대선정국의 주도권을 쥐려는 남북한 당국자들의 합작이란 인상을 지울 수가 없다. 이익이 된다면 도덕적 정당성을 상실한 정권과도 얼마든지 손잡을 수 있는 게 정치판이니 말이다. 본래 인간이란 이기적인 존재라서 이익을 위해서라면 무엇이든 한다지만, 정권 획득을 목적으로 하는 정치가들의 이기적 행태는 선거 때마다 반복되고 있다. 북한 문제를 해결함에 있어서 역시 원칙이나 철학은 자리를 잃었다.

1938년 9월, 뮌헨에서 히틀러와의 협상을 통해 평화를 구걸했던 네빌 체임벌린은 오늘날 어떤 평가를 받고 있는가. 주권국가인 체코슬로바키아의 영토인 주데텐란트를 독일인 거주지역이라는 이유로 히틀러가 양도를 요구했을 때 양보와 협상을 통해 얼마든지 평화가 가능하다고 믿었던 체임벌린은 귀국 일성으로 "세기의 평화가 정착했다"고 말했다. 그러나 1년이 지난 1939년 9월, 뮌헨 회담의 약속을 깨고 독일군이 폴란드를 침략하자 영국은 독일에 선전포고를 하고 2차 세계대전으로 빠져들었다. 체임벌린은 역사적인 오판을 한 대표적인 정치가로 이름을 남겼다.

서울대 박지향 교수는 "전체주의자들의 요구를 들어주면 상대편이 좀더 안전을 느껴 덜 공격적이 될 것이라고 '순진하게' 기대한다. 그러나 유화정책이 '위험한 적'을 '평화를 사랑하는 신사적인 적'으로 변화시킨 예는 역사적으로 없다"고 결론짓는다. 그렇다면 왜 네빌 체임벌린은 그런 오판을 했을까? 박지향 교수는 자신의 저서 『영국사』에서, "전통적 정치만을 알고 있던 1930년대의 보수당 수상이었던 스탠리 볼드윈과 네빌 체임벌린은 히틀러가 자기들과 전혀 다른 새로운 형의 악인이라는 사실을 이해하지 못하였다"는 점을 지적한다. 심지어 체임벌린 내각의 외무장관이었던 에드워드 핼리팩스는 전쟁이 한창 가열되던 1940년 봄까지도 독일과의 타협을 기대했다고 한다.

지난 10여 년간 정치적인 목적을 위해 행해진 남북관계의 접근방법과 그들의 건전한 양식을 기대하는 일이란 쉽지 않다는 점을 더불어 지적하고 싶다. 원칙 없는 유화정책이 궁극적으로 우리의 안전을 위협할 수도 있음이 심히 걱정스럽다.

지역균형개발이라는 환상

지역균형개발 가능한가

노무현 정부의 주요 정책 가운데 하나는 지역균형개발이다. 전국의 곳
곳을 골고루 잘살게 하자는 정치적 구호는 무척 매력적이다. 이를 위해
기업도시, 혁신도시 등 다양한 개념이 등장했고 이를 시행하는 데 역시
엄청난 재정이 투입되고 있다.

2012년까지 수도권에 위치한 125개의 공공기관을 열 군데의 지방으
로 나눠 옮기는 혁신도시 사업은 토지보상절차 지연으로 차질을 빚고
있다. 이러한 사업은, 차기 정부의 성격에 따라 정도의 차이는 있겠지
만 재정 부담과 효과 측면의 의문 때문에 난항을 겪을 것으로 보인다.

전체를 골고루 잘살게 한다는 주장은 매력적이다 못해 유혹적이기까
지 하다. 그러나 주거지를 결정하는 데에는 개인의 직업이나 선호 등

다양한 요인이 작용한다. 전원생활의 낭만도 그럴듯하긴 하지만 거대도시는 전원이 제공할 수 없는 사업 기회와 지적 자극 그리고 편의나 문화시설의 접근 가능성을 최대한 제공한다. 특히 지식 중심의 경제는 거대도시가 가진 지역적 이점 활용의 중요성을 더욱 부각시킨다. 다시 말해 거리와 시간의 소멸이라는 정보통신 혁명이 가져온 변화는 대도시 거주자들에게 큰 혜택을 주고 있다.

때문에 사람들의 일반적인 기대와 달리 세계화와 정보통신 혁명의 전개는 오히려 과거에 비해 훨씬 더 많은 사람들을 거대도시로 집중시키는 현상을 낳았다. 각 국가에서는 이미 기존에 형성되어 있는 수도나 상업도시 가운데 거대도시를 향한 인력 이동을 촉진하고 있다. 머릿속에 더욱 집중화된 미래 세계를 그려보면 보다 쉽게 이해할 수 있다. 어떤 정책이나 권력도 시장의 움직임을 거스를 수는 없다.

일본 정부가 그동안 성역처럼 여긴 도쿄인구억제정책을 공식적으로 폐지하고 도쿄의 성장을 방임 내지 촉진하기로 결정한 것은 하나의 대표적인 사례다. 더 이상 지방의 발전을 위해 수도권을 묶는 것 자체가 난센스라는 판단을 내린 것이다. 여기서 한 걸음 나아가 도쿄는 일본이 가진 큰 자산이라는 생각은 뜻있는 발상의 전환이다.

거대도시 성장의 지속성에 대해 마이크 데이비스 교수는 이런 전망을 내놓고 있다.

"지구의 도시화는 '로마클럽'이 1972년 〈성장의 한계〉에서 처음 예상한 것보다 더 빠르게 진행되어왔다. 1950년 전 세계에서 인구 100만 명 이상의 도시는 86개였다. 현재 인구 100만 명 이상의 도시는 400개이며, 2015년에는 550개가 넘을 것으로 보인다. 실제로 1950년 이후 폭발적으로 증가한 전 세계 인구의 약 2/3가 도시에 흡수되었다. 지금도 도시인구는 새로 태어나는 아이들과 도시로 이주하는 사람들로 매주 100만 명씩 증가하고 있다. 세계의 도시 노동인구는 1980년대 이후 2배 이상 늘어났고, 현재 도시인구(32억)는 존 F. 케네디가 대통령에 취임할 당시의 총인구보다 많다. 반면에 세계 농촌인구는 이미 정점에 이르렀고, 2020년 이후에는 줄어들기 시작할 것이다. 따라서 미래 인구 증가분은 모두 도시에 수용될 것이다. 세계인구는 2050년에 약 100억까지 늘어날 것으로 예상된다."

– 마이크 데이비스, 「슬럼, 지구를 뒤덮다」, p.16.

그런데 문제는 지역균형개발과 동전의 양면 관계에 있는 수도권 인구 억제를 위한 각종 정책들이다. 노무현 정부가 남긴 오점 가운데 하나는 정치 논리에 따라 서울에서 불과 얼마 되지 않는 거리에 막대한 재정을 투입해 행정복합도시를 추진하는 것이다. 아마도 앞으로 행정도시에 거주하는 사람들은 강제적인 명령이 내려지지 않는 한 대부분은 가족을 서울이나 수도권에 두고 혼자 부임하는 형태를 취하게 될 것이다. 한마디로 행정도시가 인구 분산과 지역개발에 이바지할 수 있으리라는 기대는 환상에 불과하다는 얘기다. 쓸모없는 프로젝트에 그 많은 돈이

한국, 10년의 선택

투자되는 것을 볼 때면 안타까운 마음을 금할 길이 없다.

서울이나 수도권 치우침 현상을 자연스러운 하나의 현상으로 이해한 다음 우리가 고민해야 할 문제는 수도권의 과밀화와 주택가격 상승에 대한 조절이다. 절대농지나 그린벨트에 대해서는 절대로 손을 댈 수 없다는 일종의 신화 같은 주장이 존재한다. 서울 경계선을 벗어나자마자 아파트 옆으로 붙어 있는 넓은 땅들을 본 경험이 있을 것이다. 대부분 절대농지나 농업진흥 지역이거나 그린벨트 등으로 묶여 있는 지역이다. 저렇게 비효율적으로 토지를 사용할 필요가 있을까 하는 의문이 든다. 토지 역시 한정된 자원이라면 자원의 단위당 생산성을 높일 수 있는 용도로 얼마든지 사용할 수 있어야만 한다. 농사를 짓는 게 합당한지, 더 많은 가치를 만들 수 있는 용도로 사용하는 것이 합당한지 등의 합리적인 판단과 결정이 필요하다. 식량이 문제라면 토지도 수입해서 사용한다는 발상의 전환으로 외국의 싼 땅을 임대해서 농사를 짓는 방법도 있다.

이러한 발상의 전환을 통해 서울이나 수도권 인근 지역에 택지공급을 증가시키고 동시에 공해를 유발하지 않는 공장용지의 공급 측면에서 각종 규제를 완화한다면, 실제로 주택가격 안정이나 고용창출에 이바지하는 바가 상당히 클 것이다. 그러나 규제권한을 쥐고 있는 관계부처의 절대적인 협조 없이 이런 발상의 전환은 어렵다.

이와는 달리 새로운 시각에서 지역균형개발에 대한 비판을 제시하는 전문가도 있다. 다른 지역의 사람들이 감 놔라, 대추 놔라 할 성격의 문제가 아니라는 주장이다. 자유기업원의 김정호 원장은 이런 의견을 던진다.

"수도권 지역을 어떻게 개발하고 보존할지에 관해서는 수도권 주민들이 결정할 일이다. 민주적 의사결정이 필요하지만 그 참여의 범위는 바로 수도권 지역 주민에게로 국한되어야 한다. 그런데도 다른 지역이 수도권의 일에 대해서 감 놔라 대추 놔라 한다. 수도권 지역에 투자를 유치하는 일에 왜 지방이 거부권을 가지는가? 투자를 유치하는 것이 수도권 주민에게 이로운 일인데도 지방의 정치인들은 자신의 실정이 드러날까 봐 지역균형개발이라는 미명하에 수도권의 발목을 잡아왔다. 그건 민주주의가 아니라 다른 지역 일에 대한 부당한 간섭이다.

그러면서도 정작 다수의 의견을 물어야 할 사항은 독단적으로 처리하고 있다. 수도를 어디로 할 것인지에 대한 문제는 서울 시민들을 포함해서 전 국민의 이해가 직접적으로 걸려 있다. 그렇기 때문에 당연히 전 국민에게 찬반을 물어서 다수의 의견에 따라야 한다. 그러나 현실의 수도이전정책은 과반수의 의사에 기초한 것이라고 보기 어려우며, 국민 다수의 의사를 확인하기 위해 국민투표를 하겠다는 의지도 보이지 않는다."

– 김정호, 「블라디보스토크의 해운대행 버스」, p.263.

국가경제를 좌우하는 도시경쟁력

수도권 규제완화에 대한 반발은 만만치 않다. 이 같은 반대는 수도권 내부에서 나오는 것이 아니라 수도권 인근지역 주민들을 중심으로 전개되고 있다. 지난 8월 23일에 대전 충남 시민사회단체로 구성된 '수도권 과밀반대와 지역상생발전을 위한 대전충남본부'와 대전광역시, 충청남도, 대전광역시개발위원회, 대전상공회의소 등이 주축이 되어 수도권 규제완화를 저지하고 지역균형발전정책추진을 위한 서명운동을 시작한 바 있다. 시각은 수도권에 공장과 학교의 신증설을 추진함으로써 지역산업 기반을 무너뜨리고 수도권에 더 많은 기업과 산업 기반이 집중된다는 주장이다. 이들은 모임을 통해, "대한민국은 수도권 집중으로 인한 과밀화가 한계를 넘어선 지 이미 오래되었다. 우리나라는 지역은 없고 수도권만을 위하는 '수도권 공화국'이 되어 버렸다"고 비판한다. 이들이 시작한 서명운동은 전국 비수도권 13개 광역지자체를 중심으로 각 시도별로 인구비례에 따라 목표를 정해 약 1천만 명의 서명을 받아 차기 정부에 자신들의 의견을 반영시킬 예정이라고 한다.

경제적 논리를 바탕으로 한 합리적인 결정이 아니더라도 수도권 지역의 규제를 완화하는 일은 정치적인 부담을 지는 일이다. 옳고 그름을 떠나서 수도권 대 비수도권의 대결구도를 강조하는 사람들의 목소리는 더욱 높아지리라 예상되므로, 수도권억제정책을 계속 끌고 가야 하느냐에 대한 정치적 압력은 지속될 것으로 보인다. 우리가 가야 할 길은 이미 명백하고, 결국 생존권 확보를 주장하는 사람들을 어떻게 설득하느냐 하는 과제가 남는다. 수도권억제정책을 고집하는 사람이라면 '도시경쟁력' 시대 도래에 대한 내용을 담고 있는 한 보고서에 주목할 필요가 있다.

"글로벌 경제체제가 자리 잡으면서 국가보다는 도시경쟁력이 국가경제의 성패를 좌우하기 시작하고 있다. 국가 내 균형발전도 중요하다. 국경을 넘어 타국 도시들과 겨루어 이길 수 있는 비교우위를 확보하는 것이 더욱 중요하다. 일본과 같은 세계 2위의 경제대국드 수도 도쿄를 국가경쟁력의 핵심으로 인식하고 있다. 특히 도시 단위의 경쟁이 매우 치열해지면서 국가를 대표할 수 있는 스타급 대도시가 절실한 상황이다. 경제, 문화 등 다양한 분야에서 국가보다는 도시를 먼저 떠올리는 것이 일상화되었을 정도이다. (……) 도시경쟁력이 핵심 화두로 대두되면서 선진국은 기존 대도시의 쇠퇴를 방지하면서 경쟁우의를 강화하는데 주력하고 있다. 영국은 경쟁력 강화를 위해 2000년 런던을 광역권으로 재통합하고 규제완화와 더불어 낙후지역을 금융 중심지로 중점 개발하였다. 런던의 상업용지 개발이 대폭 허용되면서 2006년 초 사무용 빌딩의 45%를 해외투자자들이 보유하고 있다(1998년 20% 수준).
일본은 국토균형발전정책을 2001년에 공식적으로 폐기하는 등 수도권 규제완화를 통한 도쿄의 경쟁력 강화에 매진하고 있다. 또한 기존 도쿄 도심지를 활성화하기 위해 건축규제를 완화하그 시오도메, 시나가와, 아키하바라 등의 재개발을 추진하고 있다.

한편 개발도상국은 선진국 진입이라는 지상명제를 위해 스타급 대도시를 반드시 육성해야 한다는 시각을 갖기 시작했다. 기술력, 인프라 등 모든 면에서 선진국에 크게 뒤처져 있기 때문에 우선 하나의 성공 사례라도 만들겠다는 의지가 강력하다. 상하이는 '동북아 금융, 무역, 물류의 중심지'를 비전으로 설정하고 산업구조 고도화와 함께 대도시 문제 해결에 주력하고 있다."

– 전영옥 외 4인, '도시화와 사업기회: 신흥대도시를 중심으로', 〈CEO Information〉,
  2007. 8. 16(제617호) pp.6-8.

한 국가가 가진 대표적인 도시 경쟁력이야말로 미래 경쟁력의 핵심이다. 서울과 수도권이 부채가 아니라 대한민국이 가진 대단한 자산이라는 시각으로 사고를 전환해 이에 걸맞는 정책을 펴야 할 때다.

14

쓸모없는 지식들

수요자는 배제된 교육정책

대다수의 부모들이 교육은 투자라는 생각으로 아이들의 미래를 위해 자원을 쏟아 붓는다. 하지만 교육 투자의 효율성은 교육 시스템이란 제약 조건에서 크게 벗어날 수 없다. 시스템 자체가, 시대의 흐름과 무관하게 교사나 교육 관료들의 입장에서 만들어졌다면, 그리고 이를 개선하기 위한 노력조차 들어 있지 않다면 그런 체제에서 공부하는 학생들의 미래는 준비조차 쉽지 않다.

우리나라의 초중고생들은 다른 나라 아이들에 비해 안쓰러울 정도로 '열심히' 공부한다. 공부하는 데 들이는 시간은 아마도 세계 최고가 아닐까 싶다. 여기에 투자되는 부모들의 사교육비 역시 만만치 않은 수준이다. 그러나 학생과 학부모들의 그런 투자가 과연 효과적인가라고 묻

146

는다면 자신 있게 '그렇다'라고 답하기는 힘들다.

어쩌면 교육을 공급하는 사람들이 자신들의 생계유지에 필요한 교과목을 선택해 아이들을 가르치고 있는 것은 아닌지 한번쯤 가슴에 손을 얹어볼 일이다. 혹시 '쓸모없는 지식'이나 '불필요한 지식'을 가르치고 있는 것은 아닐까. 수차례에 걸친 교과목 개정에도 불구하고 여전히 비효과적인 교육방식에서 벗어나지 못하는 것을 보면 아무래도 '그렇다'고 대답할 수밖에 없을 것이다.

7차 교과개정 작업이 진행되는 동안 우리는 어떻게 교과목이 선정되는지를 엿볼 수 있었다. 각자 자신의 과목을 필수 과목에 넣기 위해 치열한 로비 싸움을 벌이는 선생님들의 실상을 보면서 교과목 선정이 수요자 중심이 아닌 철두철미하게 공급자 중심으로 결정되고 있다는 사실에 놀라지 않을 수 없었다. 이는 결국 아이들의 미래를 갉아먹는 결과를 낳는다.

지난 3년 동안 아이들을 가르칠 기회를 가지면서, 왜 우열반을 가리지 않고 격차가 큰 아이들을 한 테두리 안에서 동시에 가르치는지 이해할 수 없었다. 평준화라는 명분만으로는 설득력이 부족하다. 우수한 학생들은 우수한 학생들대로 그리고 뒤떨어지는 학생들은 그들대로 모두가 피해를 입는 정책이다. 교육정책 역시 현장의 실질적인 요구를 수용할 수 있어야 한다. 차별화에 대한 욕구가 있다면 자연스럽게 이를 수렴하는 제도가 필요하다.

이러한 욕구는 조기유학이나 특목고 열풍 등의 형태로 이미 표출되고 있다. 특목고 입시 과열 경고에도 불구하고 아이들의 교육에 열성인 부모들은 이미 초등학교 때부터 특목고에 초점을 맞춰 아이들을 교육시킨다. 조금이라도 더 나은 교육의 기회를 제공하려는 우리나라 부모들의 욕심을 막기란 하늘의 별을 따는 것보다 힘들다. 교육제도의 대대적인 변화의 파랑이 일지 않는 한 이와 같은 추세는 막을 수 없다.

교육 수요자들은 자신의 의사를 저항이나 의견 표출 등의 방법으로 전달할 수 없다. 그들이 할 수 있는 선택은 유학이나 자퇴 등의 행동으로 주장을 드러내는 것뿐이다.

대학과 같은 고등교육의 경쟁력 수준은 이미 국제적인 비교표로도 그 상황을 짐작할 수 있다. 자세한 상황은 실태조사를 해봐야겠지만, 아이들을 일찍부터 영어권에서 교육시킬 가능성이 많은 경우는 교환교수 등의 기회가 있는 대학 교수들이다. 이들 가운데 국내보다 해외 대학에서 아이들을 교육시키는 경우는 한국의 직업군 가운데 (경제력을 고려할 때) 가장 비중이 높을 것이다. 과거와 비교할 수 없을 정도로 대학 수준이 바뀌었다고는 하지만 여전히 풀지 못한 과제들은 남아 있다. 과거 유학이 대학원 중심으로 이루어졌다면 지금은 대학으로 확대되었다. 일선에 있는 교수들은 실제로 대학원생뿐만 아니라 학부생들 또한 매년 수준이 떨어지는 것을 피부로 느낀다고 말한다. 이는 우수한 실력의 학생들 가운데 상당수가 해외로 유학을 떠났기 대문이다.

우리나라는 교육부가 철두철미한 간섭과 지시 그리고 통제를 하는 관 중심의 중앙집권적 교육제도를 유지하고 있다. 얼마 전 발생한 사학과 교육부 사이의 갈등은 교육부의 간섭이 어느 정도 진행될 것인가를 보여준 대표적인 사례다. 교육부는 사학에 지원할 수 있는 예산으로 지시와 통제를 한다. 물론 대학교육협의회를 통해 합의라는 형식을 취하긴 하지만 실질적으로는 교육부의 의도에 적합하게 통과하는 기관 정도로 여길 뿐이다. 관이 주도하는 모든 중앙집권적 계획과 통제는 사회주의 제도가 가져오는 폐해로부터 예외일 수 없다. 사회주의화의 폐해 중 하나는, 더 나은 시스템을 위한 실험이 이루어질 수 없다는 점이다. 경쟁은 발견의 절차다. 그럼에도 이런 과정을 통한 새로운 실험들이 원천적으로 봉쇄되고 있다.

이따금 개혁적인 발상을 가진 교육부 장관이 임명될 때마다 국민들은 기대를 걸어보지만, 늘 '혹시나 했는데, 역시나' 라는 반응으로 끝나고 만다. 이는 신선한 발상을 가진 사람이라도 단신으로 관료 조직에 뛰어들면 개혁다운 개혁을 펼칠 수 없음을 뜻한다. 한 인간의 유능함과 무능함의 문제를 떠나 당사자가 이끄는 관료 집단의 협조가 있지 않고서는 수행이 불가능하기 때문이다. 만일 특정 장관이 조직의 논리나 주장을 거부하는 경우 내부 구성원들은 당연히 외부와 협조해 조직의 수장을 쥐고 흔든다. 그런 상황에서는 누구라도 자리를 보존하기 힘들다.

일각에서는 교육부 폐지론이라는 극단적인 주장까지 나오고 있다. 이와 같이 교육 철학을 제대로 세우고 이를 현실에 적용하는 일이 어려울 수밖에 없는 것은 그만큼 중요성의 비중이 크기 때문이다.

비효율적인 영어교육

잉글리시 디바이드 현상

우리 사회에서의 영어교육 문제는 늘상 논쟁이 뜨겁다. 그럼에도 예산이나 그 밖의 여러 원인 때문에 효과적이고 구체적인 영어교육 시스템에 관한 솔직한 논의가 어렵다. 그런 가운데 경제적 여유가 있는 사람들과 그렇지 않은 사람들 사이의 교육 격차는 더욱 확대되고 있는 실정이다. 물론 교육 역시 투자의 하나라고 볼 때 경제력의 차이에 따라 각기 다른 기회를 제공받는 것은 예상 가능한 일이며, 우리 사회가 해야할 일이 바로 이러한 격차를 최소화하는 것이다. 이미 한국의 학부모들은 아이들의 영어교육을 위해 상당 부분의 지출을 감당하고 있다. 그러나 그런 투자가 과연 효과적일까 하는 질문에 대한 답은 여전히 유보적이다.

한 가지 흥미 있는 실험은 서울에 있는 일부 사립 초등학교에서 영어를 단순한 하나의 교과목이 아니라 수학이나 과학처럼 학습언어로 가르치는 몰입교육을 시도하고 있다는 점이다. 이런 기회를 제공받는 소수의 아이들은 행운아이다. 그렇지 못한 아이들과 비교해 상당한 격차를 보이고 있으니 말이다. 공적 조직이 그런 기회를 제공하지 못하고 있으니 학부모들은 스스로 나름의 방법을 찾아나서는 것으로 불안감을 대신한다.

그러나 막상 기회를 제공받은 초등학생이라 하더라도 중학교를 진학할 시기가 되면 또다시 혼란에 빠질 수밖에 없다. 영어몰입교육을 시도하는 중학교가 전무하다시피 하기 때문이다. 한국의 학생들은 초등학교 때부터 대학교에 이르기까지 지나치게 많은 시간을 수험용 영어 공부에 투자한다. 문제는 시간이란 자원은 한정되어 있다는 점이다. 한정된 시간을 보다 효과적으로 사용할 수 있는 방법을 찾아야 하며, 이는 사교육비 부담을 줄이는 길이기도 하다.

아이들의 영어교육은 모국어 기초가 어느 정도 다져지는 초등학교 저학년 시기에 집중적으로 시행하는 것이 좋다. 하루빨리 이러한 환경이 조성되지 않는다면, 영어를 배우기 위해 평생 동안 지불해야 하는 비용은 실로 엄청난 수치가 될 것이다.

한 사회가 선택할 수 있는 최선의 방법은 현세대가 불편함을 감수하더라도 다음 세대에 필요한 생존과 성장의 도구를 제대로 갖춰주는 일이다. 이런 면에서 영어교육의 중요성은 두말할 나위가 없다. 실제로 독일, 덴마크 정부가 공동 설립한 유럽소수문제연구센터에 소속되어 있는 프랑수아 그랭 박사의 연구에 따르면 스위스 국민들 중 영어를 유창하게 하는 사람과 그렇지 못한 사람의 연봉 차이는 남자의 경우 30.7%, 여자의 경우 21.6%로 나타났다고 한다. 영어를 어느 정도 수준으로 구사할 수 있느냐에 따라 활동무대, 소득, 성공의 가능성 등이 크게 달라지는 이른바 '잉글리시 디바이드(English Divide)'는 학계, 의료계, 법조계 등과 같은 지식 중심의 분야로부터 다른 분야로 급속히 확대되고 있다. 이런 추세라면 앞으로 개인이나 국가 차원의 언어장벽을 갖는다는 사실이 얼마나 큰 리스크가 될지는 상상하고도 남을 일이다.

최근 의료계와 법조계에서 일어나고 있는 생생한 사례를 참고해보도록 하겠다.

"의료계의 '잉글리시 디바이드'를 극명하게 보여주는 현장이 대학병원 교수임용 심사다. 대학병원 교수가 되려면 권위 있는 학술지에 논문이 몇 편 실렸는지가 가장 중요하다. 대학병원 고위 관계자 B씨는 '과학인용지수(SCI : Science Citation Index)에 등재된 국제 학술지에 논문 한 편이 실리면, 국내 학술지에 논문 20편이 실린 것과 맞먹는다'고 말했다. 영어로 논문을 쓸 수 있는 사람이 그렇지 않은 사람보다 압도적으로 유리하다는 얘기다.

영어 실력에 따라 진로와 출세와 소득이 갈리는 '잉글리시 디바이드' 현상을 가장 뼈저리게 느끼는 집단 중 하나가 법조계다. 약사 출신 사법연수생 정순철(38) 씨는 '한미 FTA로 법률시장이 개방되어 외국 로펌이 들어오고, 로스쿨이 생겨서 한 해 2000명씩 변호사가 쏟아져 나온다고 생각해 보라'며, '영어 못하는 변호사는 이혼소송과 교통사고밖에 담당할 게 없다'고 말했다. 반대로 영어가 능통한 사람은 이런 고민에서 여유 있게 비켜서서 진로를 택할 수 있다. 사시 성적이 떨어져도 대형 로펌, 기업, 국제기구 등 오라는 데가 많은 것이다.

이런 현실을 몸으로 겪은 사람이 6년차 변호사 C(38) 씨다. 해외 연수·유학 경험이 전혀 없고 영어가 서툰 C 씨는 로펌·기업 취직을 포기하고 서초동에 개인 사무실을 냈다. 그는 '한 해 1000명씩 사시 합격생이 쏟아져 나오는 상황이라 이혼소송, 교통사고 맡기도 쉽지가 않다'며, '사무실만 간신히 유지할 뿐, 집에 생활비를 못 줘서 아파트 월세가 다섯 달 밀린 적도 있다'고 말했다.

변호사 업계의 경우 연간 사법시험 합격자 1000명 중 성적이 200위 안에 못 드는 중위권 연수생이라도 영어가 능통하면 대형 로펌에 취직할 수 있다. 상대적으로 '영어 무풍지대'였던 법원과 검찰에도 변화가 나타났다. 판사 D(42) 씨는 '영어를 잘해야 론스타 사건처럼 다국적 기업이 얽힌 굵직한 사건을 맡을 수 있다'고 했다. 한마디로 '영어 못 하면 아예 못 맡는 사건'이 생겼다는 얘기다.

이윤식(42) 사법연수원 기획총괄 교수는 올 초 2년차 사법 연수생들의 전문기관 실무수습 현황을 챙기다 깜짝 놀랐다. 같은 기수 연수생 1000명 전원이 공공기관·기업체·언론사 등 3~4군데 선택지를 놓고 고르던 과거와 달리, 올해는 무려 14명이 유엔난민기구(UNHCR), OECD 본부, 미국 뉴욕의 일급 로펌 셔먼&스털링 등 국제기구와 외국 로펌에 인턴 자리를 구해 해외로 빠져나갔기 때문이다.

이 교수는 '지난해에 처음으로 연수생 2명이 국내가 아닌 프랑스 로펌에서 인턴을 해 화제가 된 적이 있지만, 14명이 한꺼번에 빠져나간 건 올해가 처음'이라며, '해외로 나간 14명의 공통점은 모두 영어를 원어민 수준으로 능통하게 한다는 점'이라고 말했다."

– 김수혜 · 이지혜, '영어실력이 당신의 출세 소득까지 결정한다', 〈조선일보〉, 2007. 7. 18.

우리 아이들의 보다 폭넓은 활동과 가치창조를 위해서라도 지금의 영어교육 방식은 하루빨리 개선되어야 한다.

3 부

한 국 의 미 래,

무엇을 할 것인가

자유주의 원리를 확산하자

자유주의자를 적극 지원하라

정도의 차이야 있겠지만, 생업을 영위하는 사람들 대부분은 자신이 일하는 분야에서만큼은 전문가라고 할 수 있다. 조그만 가게를 운영하는 자영업자든 기획이나 연구개발 업무를 맡은 직장인이든 고객의 필요나 욕구를 파악하고 이를 만족시킬 최선의 방법을 찾는다는 점에서 공통적으로 상당한 수준의 지식이나 재능이 요구되기 때문이다. 그렇지 않다면 이미 그 분야에서 실패를 경험했거나 고전을 면치 못하고 있을 게 뻔하다.

그러나 생업이 아닌 보다 넓은 의미의 지식에 관해서는 특별한 호기심이나 관심을 갖지 않으면 쉽게 얻을 수가 없다. 예를 들어 자신이 살고 있는 공동체는 어떤 원리에 의해 움직이는지, 지속적으로 잘살기 위해서는 어떤 원리를 지켜야 하는지, 그리고 그런 원리가 변질되었을 때 어떤 문제가 발생하는지, 사회의 특정 구성원리를 변화시키기 위해 노력하는 사람들의 문제는 어떤 것인지 하는 등의 지식은 공공재에 속한다. 이런 문제에 관심을 기울이거나 굳이 지식을 습득하지 않더라도 당장 나에게 손해가 생기지는 않는다.

손해는 많이 가진 사람들의 순서로 피해액이 늘어나게 마련이다. 그래서 대부분의 경우 비용은 다른 사람이 지불하고 자신은 거저 묻어가기를 바란다. 이런 약점 때문에 소수의 열성적인 행동가들이 미지근한 다수의 사람들이 가진 믿음과 정반대의 방향으로 사회를 이끌게 되는 것이다.

때문에 어떤 사회라도 자유주의 원리가 더 많은 사람들의 신념체계이자 행동원리가 되도록 노력하는 자유주의자들의 등장과 활동을 장려해야 한다. 그래서 (그들로 하여금) 논리를 만들고 개념화하고, 실제 사례를 만들어 일반 대중을 설득할 수 있도록 말이다. 물론 아이들의 잘못된 교육환경을 개선하고 정부비용으로 관련연구소를 만드는 작업도 도움이 되겠지만, 이런 일들은 사실상 정부가 주도하기만을 기대하기는 어렵다. 왜냐하면 자유주의 원리는 기본적으로 거대정부에 반대하기 때문이다.

따라서 자유시장경제 체제의 가장 큰 수혜를 받은 사람들이 어느 정도의 역할을 맡아야 한다. 선동가들은 집권 후에 누릴 자신의 사업 안정을 위해 거래하고 타협하는 일은 없어야 한다. 자신뿐만 아니라 더 많은 사람들이 자유주의 원리의 구현을 통해 삶의 수준을 개선시킬 수 있도록 체제를 개선하는 일에 돈을 투자해야 한다.

번영은 '사상 전쟁(ideological warfare)'에서의 승리를 통해 더욱 공고히 할 수 있으므로, 뜻있는 사람들의 적극적인 지원이 절실하다. 미국 기업연구소(AEI)나 헤리티지 재단, 케이토(Cato) 연구소, 영국의 IEA나 아담스미스 연구소 그리고 캐나다의 프레이즈 연구소 등에서 이루어지고 있는 것과 같은 '싱크 탱크' 활동이 한국에서도 활성화되어, 미디어나 대중 그리고 학생들을 상대로 번영의 길로 이끄는 이념과 구체적인 정책, 성공사례들을 적극적으로 전파해야 한다. 정부가 나서서 이런 작업을 돕는다면 좋겠지만, 정부의 활동을 제약하는 기관들을 대상으로 재정지원을 기대하는 일은 당연히 어렵다. 그렇기 때문에 의식 있는 개인이나 경제단체가 일정한 몫을 담당해야 하는 것이다.

또한 우리 사회의 미흡한 점은 실질적으로 국회정책을 만드는 사람들을 위한 투자다. 입법과정에 직접 관여하는 국회의원이나 그 보좌관들에게 정확한 정보를 제시하고 친 자유주의정책의 수립에 도움을 줄 수 있는 사람들 말이다. 현재 수준은 관련정보를 언론에 배포함으로써 여론에 영향을 주는 것에서 벗어나지 못하고 있지만, 실질적으로 정책을 만드는 사람들이 전문적인 지식을 습득할 수 있도록 세미나와 프로그램 등을 만들어서 그들의 판단과 행동을 돕는 적극적인 행동이 필요하다.

지적 투자와 동시에 행동가들을 지원하는 일 또한 중요한 사안이다.

전자는 지적 토대를 깔고 중장기적인 시각으로 접근하는 데에 반해 후자는 자유주의 원리의 구현을 목적으로 하는 시민사회단체들의 활동을 적극적으로 지원하는 일이다. 최근에는 교육이나 노동 그리고 북한 문제에 있어서도 자유주의 사상을 신봉하는 단체들이 속속 출현하고 있다. 이들의 활동이 좀더 조직적으로 이루어질 수 있도록 협조는 물론이며, 아울러 적극적인 미디어 활용법도 지원해야 한다. 자발적 기부가 그다지 활성화되어있지 않은 상황에서 개인의 참여를 유도하는 일이 쉽지는 않지만, 그렇더라도 재정적인 참여가 있어야만 이 모든 일들이 가능하다.

조금 다른 시각이기는 하지만 대중스타 가운데 자유주의 사상을 받아들일 수 있는 인물을 설정하는 것도 좋은 방법이 될 수 있다. 캘리포니아 주지사로 활동하고 있는 아놀드 슈왈제네거와 보수주의혁명에서 걸출한 역사를 다시 쓴 로널드 레이건 전 미국 대통령과 같은 인물들은 대중스타로서 대표적인 자유주의자들이다. 그들은 자신의 신념을 구현하기 위해 정치세계에 입문한 인물들이다. 자유주의 역사가 짧은 나라에서 스타 역시 고객의 분위기를 의식할 수밖에 없다. 때문에 우리나라에서 대중스타들이 쉽게 이런 사상의 전파자로 활동하기를 기대하기는 힘들다. 하지만 선거 시즌이 되면 특정 정치인에 대한 선호를 표시하는 스타들이 꽤 많이 활동하고 있는 실정을 고려한다면, 그들에게 올바른 철학의 기초 위에 자신의 정치적 색깔을 드러낼 수 있도록 유도하는 것이 선행되어야 할 것이다.

마지막으로 위대한 자유주의 문필가의 등장을 기대한다. 펜이 칼이나 권력보다 강하다는 의미를 모르는 사람은 없을 것이다. 영국의 폴 존슨과 같은 위대한 문필가가 자유주의의 확산에 기여한 바는 엄청나다. 그가 쓴 『유대인의 역사』를 읽다가 마지막 대목에서 일종의 선언문을 만나게 되었다. 서구 문명이 유대인들에게 얼마나 큰 빛을 지고 있는지 은근히 반유대주의에 동참한 서구인들에게 경각심을 주는 명문장은 유대인들에 대한 시각을 새롭게 했다. 이런 자유주의자의 글이 두고 두고 사람에게 미치는 영향력은 그 어떤 힘보다 강하다.

우리 사회에도 복거일 같은 걸출한 자유주의 문필가가 있다. 그가 쓴 많은 책들 가운데 특히 인상적이었던 『죽은 자들을 위한 변호』는 친일 문제와 민족주의에 대한 나의 고정관념을 여지없이 깨뜨렸다. 이러한 믿음을 가진 인물들이 자신의 신념을 더욱더 활발하게 피력할 수 있을 때 자유주의 사상은 한 걸음 더 빨리 실현될 수 있으리라는 생각이다. 글이나 논리뿐만 아니라 역사적인 경험을 전파하는 사람의 책임과 중요성을 확인할 수 있는 기회였다.

야성을 되찾자

청부가 존경받는 사회

기업이 성장을 유지하는 데에만 몰두하는 것은 곧 몰락의 시작을 알리는 일이다. 기업은 많은 사람들로 이루어진 에너지의 집합체이기 때문에 에너지의 유입과 유출이 자연스럽게 이뤄져야 한다. 구르는 돌에 이끼가 끼지 않는 것처럼, 가치창조를 위한 신상품 개발, 신사업 개발, 기존 상품의 경쟁력 강화 방안을 지속적으로 만들어야 한다. 머무는 순간 기업의 위기가 시작된다고 보면 된다.

개인도 마찬가지다. 좋은 집안에서 태어나 넉넉한 재산을 물려받으면 인생이 장밋빛으로 채색될 것 같지만, 실상은 그렇지 못하다. 월스트리트저널에 실린 부잣집 아이들이 처하게 될 또 하나의 미래를 다룬 기사는 초년 행운이 늘 좋은 것만은 아니라는 사실을 말하고 있다.

"흔히 '팔자가 좋다' 는 사람들 중에는 부모 복을 타고 나는 사람들이 많다. 음주운전으로 감옥신세가 된 지 불과 수일 만에 고가의 최신유행 옷을 입고 여유롭게 출소한 힐튼가의 억대 상속녀 '패리스 힐튼' 이 대표적이다.

넉넉한 경제력을 바탕으로 훌륭한 인맥, 풍부한 교육 기회 등을 물려주는 부모덕에 사회적으로 성공하는 이들을 볼 때면 부모의 능력이 곧 자녀의 능력일 수 있다는 사실에 고개를 끄덕이게 된다.

그렇다면 부유한 아이들이 평생 부자로 살 수 있을까? 경제적인 풍요가 진정 이들의 삶에 이득이 되는 걸까?

월스트리트저널(WSJ)은 경제적 여유로움이 보장하는 많은 장점에도 불구하고 오늘날 부유한 아이들은 치열한 경쟁에 맞설 필요가 없는 '특권의 거품' 에서 성장한다고 지적했다.

워런 버핏의 말대로 소위 '행운의 정자클럽(Lucky Sperm Club)' 에 속한 아이들은 태어날 때부터 주어진 풍요로움 덕에 현명한 투자자가 되거나 승진 경쟁에서의 짜릿한 승리를 경험할 능력을 키우지 못한다는 설명이다. 일부에선 부자일수록 자녀에게 올바른 경제관념을 심어주기 위해 노력한다고 주장한다. 또 막대한 자산을 무책임한 자녀에게 그대로 맡기는 부자들은 없다며 반박할 수도 있다.

물론 일부 부자들은 자녀에게 자산관리를 가르치기 위해 특별 캠프에 보내는 노력을 기울이기도 한다. 그렇지만 부유한 부모는 자녀들이 방만한 소비생활을 하도록 내버려둘 가능성도 적지 않다. 대부분은 가문을 유지하거나 자녀의 안정된 미래를 위해 막대한 자산으로 재단을 설립하곤 한다.

WSJ는 돈은 언젠가 없어지는 것이라며 실제로 미국의 많은 부유층 자녀들이 생활 전선에 직접 뛰어드는 경우가 종종 발생한다고 전했다. 미국 경제가 왕족적(dynastic)이기보다 동적(dynamic)인 건 바로 이 때문이라는 설명이다."

– 박성희, '부잣집 아이들이 가난해질 확률이 높다', 〈이데일리〉, 2007. 8. 8.

이와 같은 주장은 각기 받아들이는 사람에 따라 해석이 다르다. 어려움을 딛고 자수성가한 사람들과 넉넉하지 못한 가정에서 태어나 여전히 어려움의 굴레에서 벗어나지 못한 사람들의 생각이 같을 수는 없다. 성공의 뒷면에는 삶에 대한 의욕이나 생각이 차지하는 비중이 무척 크기 때문이다. 실제로 지난 세월을 뒤돌아보면 부모나 가정환경의 영향보다는 스스로가 지닌 삶에 대한 적극성과 진취성이 성공 여부에 강하게 작용한다는 사실을 확인할 수 있다.

그렇다면 한국이란 나라에 대해서는 어떤 처방을 내릴 수 있을까. 개인이나 조직의 성공과 같은 맥락에서 '야성(野性)'의 회복이 가장 시급한 과제가 아닐까. 야성의 회복이란 무기력해진 국민들의 의욕을 다시 불러일으켜 무한정 에너지를 발산하게 만드는 것을 말한다. 그 다음엔 에너지가 분출될 수 있도록 긍정적인 방향의 출구를 마련해야 한다.

야성의 회복을 위해서는 우선 부자에 대한 부정적인 인식부터 바꿔야 한다. 최소한 정치를 하는 사람들이 나서서 반(反)부자 심리를 부추기는 언행이나 정책은 삼가는 것이 좋다. 본래 인간 본성에 질투심이 깔려 있기는 하지만 이를 합리화하고 부추기는 행동, 이른바 시기심이나 질투를 제도화하는 입법은 바람직하지 않다. 서민과 부자 사이에 대결구도를 조성함으로써 정치적인 이익을 누리려는 행위 역시 비난받아야 마땅하다. 예를 들어 강남 옥죄기 형식의 부동산정책은 결국 반부자 심리의 확산을 도울 뿐이다. 논리적으로나 이성적으로 타당하지 못한 선택이며 이는 부자가 아닌 다수의 사람들을 만족시키기 위해 질투와 시기심을 제도화한 것으로밖에 이해할 수 없다.

어느 나라나 부자에 대한 적대감이 깔려 있기는 하지만 감정이 아니라 이성적으로 생각하면 이런 태도는 줄어든다. 실제로 부자란 어떤 의미를 지니는가. 타인의 소득에 손상을 입히지 않는 한도 내에서 고객에게 가치를 제공함으로써 돈을 버는 사람들이다. 이런 사람들의 재산은 그 누구로부터도 지탄받아서는 안 된다.

두 번째는 위험을 감수하면까지 새로운 일에 도전하는 사람들이 자신의 기량을 마음껏 펼칠 수 있도록 이를 뒷받침해 줘야 한다. 선례나 규정이 없다는 핑계로 포기할 것이 아니라 긍정적인 방향으로 추진해 그에 따른 규정을 융통성 있게 바꾸면 그것이 바로 선례가 되는 것이다.

또 엘리베이터와 풀장이 있으면 무조건 호화주택이라고 세금을 중과하는 일 역시 난센스다. 자신이 살고 있는 주거공간을 아름답고 멋지게 꾸미고 싶은 것은 누구나의 바람이다. 우리가 열심히 일하고 그에 따른

대가를 받으려 노력하는 것도 그런 이유 중 하나가 아니겠는가.

자본주의 역사가 그리 길지 않은 미국은 유럽처럼 오래된 성을 갖고 있지 않다. 하지만 화려하게 꾸민 부자들의 대저택이 이미 문화유산으로 자리 잡고 있다. 예를 들어 뉴욕 주 웨스트체스터 카운티의 허드슨 강변 언덕에 있는 마흔 개의 방을 가진 록펠러 가문의 저택은 피카소와 헨리 무어 등 20세기 거장들의 그림과 조각으로 가득 차 있다. 건물 사방에는 아름다운 정원과 테라스가 펼쳐져 있는데, 웨스트체스터 카운티의 관광명소인 키쿠이트(Kykuit : 네덜란드에서 온 '망루'라는 의미)가 바로 그곳이다. 3대인 넬슨 록펠러가 1897년 사망하면서 내셔널 트러스트에 기부함으로써 오늘날 인기 있는 관광지로 변신했다. 호화주택에 대한 엄격한 규제를 가하고 있는 우리나라에는 그럴 만한 저택이 존재하지 않는다.

언젠가 비행기 안에서 문화재 업무를 관장하고 있는 유홍준 청장을 만나 대화를 나눌 기회가 있었다. 이러저러한 얘기 중에 그는, "과거의 문화재를 보수하고 발굴하는 일은 무엇보다 중요하다고 생각합니다. 그러나 누군가 저에게 앞으로 이 세대가 후손을 위해 길이길이 남길 문화재보호를 위해 무엇을 하고 있는가 하고 질문을 던진다면 할 말이 없습니다. 왜냐하면 이 시대가 남길만한 문화재란 거의 없기 때문입니다"라고 말하며 뒷머리를 매만졌다.

부자를 인정하고, 부자를 보호하고, 부자를 격려하고, 그래서 부자가 될 수 있는 기회를 확대해 보다 더 차별화되고 인정받는 부자로서의 욕구를 분출할 수 있도록 출구를 터주어야 한다. 그래서 국민이 더 강한 야성으로 자신의 현재와 미래를 만들 수 있도록 하는 것이다. 이런 주장을 두고 부자만을 위한 이기적인 발상이라고 할지도 모른다. 하지만 부자가 될 수 있는 기회의 폭을 넓혀 누구에게나 부자의 반열에 올라설 수 있는 가능성을 한층 높여준다고 생각하면 이기적인 발상이라고 치부할 수만은 없을 것이다.

03 희망이 생기는
지도자를 선택하자

지도자의 7가지 조건

역사상 위기에 처한 국민을 구한 리더십의 본보기를 찾는 일은 그리 어렵지 않다. 역대 영국 수상들도 좀처럼 해결하지 못했던 영국병을 치유하는데 성공한 마가렛 대처의 리더십은 상식에 근거한 확고한 신념에서 비롯되었다. 수많은 이해당사자들의 위협에도 굴하지 않고 원칙을 견지해 나라를 구한 훌륭한 지도자상이라 할 수 있다.

또 백척간두(百尺竿頭)에 처해 두려움에 떠는 국민들 그리고 전시 상황에 처한 국민들에게 희망과 용기를 불어넣었던 윈스턴 처칠도 있다. 그가 국민들에게 보여준 것은 진정한 가치에 대해서는 결코 타협하지 않는다는 점이었다. 더불어 그는 한 국가가 도덕적인 기반 위에서 보존하기 위해 노력해야 하는 것이 무엇인지를 제시한 위대한 지도자이기도 하다. 오랜 역사를 통해 절대권력으로부터 쟁취하고 누려온 영국 국민의 자유가 히틀러가 주도하는 폭정과 결코 타협할 수 없는 위대한 가치임을 온 국민에게 각인시키며, 자유를 지키기 위해서라면 국민의 희생과 헌신이 있어야 한다고 역설했다. 직접 폭탄이 터지는 전선을 누비며 승리를 상징하는 특유의 제스처로 영국 국민을 사로잡았던 윈스턴 처칠은, 위대한 정치인은 시대를 넘어 많은 사람들의 마음속에 감동으로 되살아난다는 믿음을 심어준 인물이다.

또한 어떤 상황에서도 유머와 낙관, 미래에 대한 희망을 잃지 않았던 로널드 레이건은 삶 자체가 희망과 낙관이었다. 일리노이의 작은 시골 마을에서 출생한 그는 할리우드에서 좌파 예술인들과의 치열한 투쟁을 통해 자유의 소중함을 깨우쳤다. 이후 그는 GE의 대변인으로서 전국을 누비며 근로자들에게 자유시장경제의 위대함을 역설한 인물이기도 하다. 쓰라린 정치 역정 끝에 늦은 나이에 미합중국 대통령으로 선출되는 영예를 누린 그는 지미 카터 시절 무기력함에 빠져 있던 국민을 자유주의 원리에 기반을 둔 규제개혁과 민영화 원칙에 따른 노조문제 해결 등으로 위기에 처한 나라를 구한 위대한 지도자다.

하나의 예를 더 들면, 독일 사람들은 전후 폐허에 놓인 상태에서 미래에 대한 희망은 고사하고 심한 모멸감과 패배감에 시달리고 있었다. 이들을 자유진영의 든든한 우군으로뿐만 아니라 고속성장의 주역으로 등장시키는 데 결정적으로 기여한 인물은 독일의 초대 수상 아데나워였다. 자유시장경제에 대해 뿌리 깊은 신념을 가졌던 그는 73세에 초

대 서독 총리로 취임해 1963년까지 14년 동안 집권하면서 정치적으로
는 자유민주주의를, 경제적으로는 라인 강의 기적을 이루어낸 인물이
다. 그는 폐허 상태에서 방황하는 국민들에게 다시 한번 독일 국민의
에너지를 규합해 패전의 상처를 씻고 책임 있는 국제 사회의 일원으로
복귀하자는 요청과 격려를 아끼지 않았던 인물이다.

한 명의 지도자가 가슴에 품은 뜻과 그 역할은 므엇과 비교할 수 없
을 만큼 중요하며, 낙관과 비관이 지배하는 시대에는 더더욱 그렇다.
게다가 한 사회의 분위기를 좌지우지함에 있어서 역시 지도자의 역할
은 그 의미가 크다. 그렇다면 과연 어떤 지도자를 뽑아야 올바르고 현
명한 선택이 될 수 있을까. 현 시점에서 지도자에 대한 선택 조건으로
는 다음 일곱 가지의 예를 들 수 있다.

첫째, 올바른 신념의 소유자여야 한다. 신념을 바탕으로 하는 원칙
에서 올바른 추진력과 실행력이 나온다. 정치는 그 속성상 타협의 성격
을 갖고 있기 때문에 타협에 있어서조차 원칙이라는 틀을 깨지 않는 신
념이 필요하다. 또 지도자는 옳고 그름이 분명해야 한다. 그래야만 막
무가내로 행동하는 사람들이 만연하는 것을 닥을 수 있다. 지도자 스스
로 원리원칙을 준수하는 모습을 보일 때 국민 또한 지도자를 믿고 따르
게 된다. 법에 따른 질서를 확보하는 일은 을바른 신념을 가진 지도자
만이 할 수 있는 일이다. 올바른 신념이란 돈 이론적으로나 경험적으로
충분한 검증을 받은 자유주의 원리를 기초르 하는 것을 말한다.

둘째, 시대가 요구하는 소명을 정확히 아는 지도자여야 한다. 자신

의 생각대로만 밀어붙이는 지도자가 아니라, 국민이 원하는 게 무엇인지를 최대한 파악해 이를 구현하는데 헌신할 수 있는 지도자여야 한다. 자신이 원하는 일만을 고집하는 태도는 스스로 국민들과의 거리를 넓히는 일이다. 이러한 양상은 아무리 권력을 쥐고 있다 해도 형식에 불과하며 국민으로부터 받는 무시와 경멸을 떨쳐버릴 수 없는 결과를 낳게 한다.

셋째, 당리당략보다는 나라의 미래를 위해 헌신하는 지도자여야 한다. 당리당략을 위해 작은 술수를 부리기보다는 정도를 걷는 당당함이 있어야 할 것이다. 정도란 매사 진정한 마음으로 국민의 이익을 우선으로 판단하고 결정하는 일이다. 당리당략을 일삼으면서도 국민을 위하는 일이라고 떠들 수 있는 시대는 이미 지났다. 이런 과정에서 한번 실추된 대통령의 권위가 다시 회복되기란 쉬운 일이 아니다. 이미 비웃음의 대상이 된 권력자는 허수아비와 다르지 않다. 나랏일을 위해 사심 없이 헌신하는 태도를 보일 때 국민들은 적극적인 지지와 감동의 박수를 보낸다.

넷째, 일하는 방법을 알고 있는 지도자여야 한다. 대통령이라는 직책은 숱한 시행착오를 거치며 일을 배워나갈 수 있는 자리가 아니다. 한 번의 작은 실수가 나라를 뒤흔드는 풍파로 변할 수 있기 때문이다. 직접 돈을 벌어보지 않은 사람들은 돈 버는 일이 얼마나 힘이 드는지 잘 알지 못한다. 그러니 돈의 귀중함을 모르는 것 또한 당연하다. 일이라는 것 역시 의욕만으로 잘할 수 있는 것은 아니다. 일도 해본 사람이 한다고 일의 원리를 파악하고 있는 사람만이 제대로 할 수 있다. 물론 적재적소에 합당한 인재를 부리면 되지 않느냐고 할 수도 있겠지만 스스로 뭘 알아야 업무 지시도 가능한 것이 아니겠는가.

다섯째, 사리사욕과 담을 쌓은 지도자여야 한다. 인재를 널리 등용하고, 자신의 유익함을 위해 사적인 용도로 자원을 사용하지 않아야 한다. 공적인 업무와 사적인 업무의 차이는 명확하다. 사적인 업무란 개인의 이익 추구가 당연하다. 그러나 공적 업무에서는 공익 우선이 원칙이다.

여섯째, 책임지는 지도자상이어야 한다. 시간을 흘려보내는 것이 아니라 시간을 담아 무엇인가를 창조하는 사람이어야 한다. 그 시간이 빚어낸 결실에는 당연히 국민들의 간절한 소망이 담겨 있어야 할 것이다. 나라를 부강하게 하고 국민을 잘살게 하는 것은 곧 지도자의 책무다. 우리는 프로젝트를 실행하고 관리하며 그 성과까지도 책임지고자 노력하는 지도자를 선택하는 데 주저함이 없어야 할 것이다.

끝으로 크게 생각하는 지도자여야 한다. 사소한 일로 분쟁과 분란을 일삼는 지도자는 나라를 대표하는 일꾼으로 적당하지 않다. 매사를 투쟁 중심으로 판단하고 제로섬 게임으로 바라보는 지도자는 곳곳에 적을 만든다. 이런 지도자는 분명 미래지향적이기보다는 과거집착형일 가능성이 높다. 이런 지도자가 이끄는 사회는 끊임없는 분쟁이 재생산되어 국민들은 끝없는 불안감에 휩싸인다.

한국, 10년의 선택

빠르게, 폭넓게, 확실히
개방하자

개방, 번영의 지름길

개방적인 사회는 역동적인 사회로 가는 지름길이다. 우선 한미 FTA를 시작으로 유럽, 일본, 중국, 아시아, 중남미 등의 국가들과의 자유무역 협정을 적극적으로 추진해 폭넓은 교류를 개방한다. 물론 협상을 추진함에 있어서 주고받을 수 있는 것은 무엇인지, 우리에게 좀더 이롭게 하기 위해 무엇을 해야 하는지 구체적이고 집중적인 논의가 있어야 할 것이다. 개방이란 서로의 거래를 활성화시키는 일련의 과정이기 때문에 적절한 균형 유지가 필수조건이다. 그렇기 때문에 무조건 자국의 이익만을 염두에 둔 개방이 아니라 상호교류 차원의 우호적인 거래가 성사되어야 할 것이다. 이로 인해 피해를 보는 국내 이익집단의 반발이 있더라도 개방은 반드시 주고받는 것이지 무조건 받기만 하는 것이 아니라는 사실을 명백하게 인식시켜야 한다.

개방에는 또한 성역이 없어야 한다. 특히 한국 내에서 경쟁력 하락이 분명하고 그저 명분뿐인 분야에 대해서도 과감하게 개방의 물꼬를 터야 한다. 교육을 비롯한 서비스 분야도 예외는 아니다. 이런 경우 어김없이 등장하는 주장은, 아직 준비가 덜 됐으니 좀더 시간을 벌 수 있도록 다음으로 미루자는 의견이다. 이는 개방을 하지 않겠다는 주장과 다를 바 없다. 개방이 시작되면서 비로소 사람들이나 조직은 움직이게 되는데, 그만큼 생존에 대한 압력이 가해져야만 사람들은 변화의 동기를 찾는다는 의미다.

전략적으로 활용할 수 있는 방안은 한반도 전체의 개방에 앞서서 특정 지역을 선정해 홍콩을 능가할 정도의 자유로운 개방지역을 만드는 것이다. 그러니까 국지적인 개방의 정도를 높임으로써 주변에 개방의 파급효과가 얼마나 위대한지를 확인시키고 이를 통해 다른 지역 역시 자발적으로 개방에 동참하도록 하는 방법이다. 이미 활발하게 행보를 내딛고 있는 송도자유무역지구의 경우가 바로 그 개방의 시범사례라고 할 수 있다.

하지만 여기저기서 이러저러한 이유를 들어 개방 반대의 주장을 펼치고 있기 때문에 진척이 좀처럼 활발해 보이지는 않는다. 이런 때일수록 더 과감한 행보가 필요하다. 세계의 많은 나라들이 특정지역에 대한 개방정책을 경쟁적으로 도입하고 있어서 어지간한 수준의 개방정책으로 돈과 인재를 끌어들이기는 힘들다. 때문에 걸림돌이 되는 많은 요소들을 말끔히 제거할 수 있는 과감한 조치가 필요하다. 그리고 이는 시간과의 싸움이라는 사실을 잊어서는 안 된다. 이익집단의 목소리가 높아지면 손을 놓은 채 시간을 흘려보내는 경우가 생기곤 하는데, 국책사업에서의 시간은 무엇보다 중요한 변수로 작용한다는 점을 항상 주지해야 할 것이다.

이에 못지않게 중요한 것이 의식의 개방이다. 의식 개방은 차별에 대해 사회적인 엄격함을 유지하는 것 자체가 하나의 방안이 될 수 있다. 많은 부분이 개선되고 있긴 하지만 우리들 내부의 차별을 시정하는 부분은 아직 미흡하다. 여성에 대한 차별, 지체부자유자에 대한 차별, 지역 차별, 학력 차별 등에 대한 사회적 제도 정비가 필요하다. 차별을 조장하는 발언이나 행동에 대해서는 법적인 책임까지 묻는 방법도 나쁘지 않다.

특히 여성 비하적인 발언과 다양한 언어폭력, 비합리적인 행동 등에 대한 법적 제재가 사회적 이슈로 공론화되고 있는 점은 우리 사회가 한 단계 선진화되고 있음을 뜻한다. 이런 조치에 대해 지나치지 않느냐는 비난도 있지만, 의식 개방에 있어 반드시 거쳐야 할 통과의례이니 당연하게 받아들여야 할 것이다. 여성뿐만 아니라 장애인의 권리에 대한 인식과 보호에 대한 필요성 또한 의식의 개방 단계에서 매우 중요한 부분이다. 내부적으로 이런 사회적 분위기나 관습이 자리 잡게 될 때 비로소 외국인에 대한 차별도 없어질 수 있다.

지난 8월 17일, UN인종차별철폐위원회(CERD)는 한국 사회에서 '단일민족', '순수혈통', '혼혈'과 같이 인종우월적인 관념을 나타내는 용어가 예사롭게 사용되는 점에 대해 지적했다. 그리고 한국 내에 이주노동자, 외국인 여성배우자, 국제결혼으로 태어난 혼혈아의 인권문제를 집중거론하면서 한국인의 혈통주의를 비판했다. 아울러 위원회는 모든 외국인에 대해 다양한 차별을 금지하고 인종차별금지조약에 명시된 권리를 누릴 수 있도록 관련법규 제정 등 적절한 조치를 권고했다. 이를 기회로 적극적인 관련법규 개정이 시행되길 바란다. 사실 의도적이라기보다는 미처 인식하지 못한 가운데 드러난 차별적인 언어와 행동에 대해 우리 스스로도 시정의 노력을 기울여야 할 것이다.

세상의 변화에 개개인이 보다 적극적으로 발맞춰 나간다면 그만큼 깨어 있는 의식을 가진 사람들이 증가할 것이다. 또한 개방이란 미루면 미룰수록 지불해야 하는 비용이 증폭된다. 세상은 아는 것만큼 보이기 때문이다.

개방에 있어서 매체의 중요성도 간과할 수 없다. 특히 방송의 역할이 더욱 그렇다. 영상매체의 힘은 활자매체와 비교할 수 없을 만큼 강하다. 영국 런던의 금융 개방으로 인한 성공사례, 빈국에서부터 개방을 통한 아일랜드의 부활, 개방으로 번성하는 카자흐스탄과 폐쇄로 시드는 우즈베키스탄, 남미 국가 중에서 대표적인 개방 성공사례인 칠레 등, 지금 이 순간에도 개방을 통해 멋진 변신을 이룬 사례들이 세계 각국으로 전파되고 있다. 이것이 곧 영상 매체의 힘이다.

최근에 인기를 끌고 있는 중국 CCTV의 대국굴기(大國崛起 : 세계에 우뚝 선 선진강국)라는 프로그램은 아홉 개 강대국이 정상에 선 이야기를 다루고 있다. 그곳에서 영국, 네덜란드, 포르투칼, 스페인, 일본 등의 사례는 개방을 통해 강국이 된 경우에 속한다. 그런 사례들이 다수의 대중에게 전파되어 사람들의 입에 오르내림으로써 개방에 대한 자극과 고민을 함께 안겨준다. 각성과 자각은 개방을 향한 과정에서 그 역할이 중요하다. 이미 존재하고 있는 다양한 매체를 활용한다면 개방의 성공을 위한 토대를 얼마든지 구축할 수 있다. 언론과 취재 선진화를 놓고 일대 격전을 치르고 있는 국정홍보처가 진짜로 해야 하는 일들은 이처럼 개방을 통해 번영의 길로 들어선 사례를 적극적으로 알리는 일이다.

혁신지향적 문화와
제도를 구축하자

흐르는 물처럼 늘 새롭게

사회 주요 조직의 활동 가운데 가치창조 기여도가 낮은 활동을 찾아 체계적으로 폐지하는 일은 무엇보다 시급하다. 더불어 가치창조의 기여도가 높은 활동은 지속적으로 장려하고 관리하는 일련의 노력들이 더더욱 필요하다. 이를 위해서는 변화와 혁신이 조직이나 개인의 삶에 자연스럽게 자리잡도록 분위기와 제도를 마련해야 한다. 그래서 과거나 현재에 머물지 않고 환경과 고객의 변화에 따라 끊임없이 혁신할 줄 아는 용기를 갖게 하는 것이다.

이때 중요한 키워드는 유연성이다. 시대와 환경의 변화에 적합하지 않은 프로세스나 인력을 자연스럽고 유연하게 정리정돈하는 것이다. '흐르는 물처럼 늘 새롭게' 라는 슬로건이 상징하듯이 살아 있는 모든 것은 변화의 과정을 자연스럽게 받아들이는 자세와 마음가짐이 필요하다. 예를 들어 미국 사회가 거의 모든 분야에서 혁신과 창조를 주도할 수 있는 이유는 삭제와 창조의 과정을 누구든지 자연스럽게 받아들이고 있기 때문이다.

그렇다면 어떻게 해야 변화와 혁신을 성공적으로 이끌 수 있을까. 먼저 사기업이든 공적 영역에 속한 조직이든 이유를 명확히 정의할 필요가 있다. 존립 이유란 무엇인가? 일찍이 피터 드러커 교수가 역설한 바와 같이, '우리의 사업은 무엇인가, 우리의 고객은 누구인가, 우리는 가치창조를 위해 무엇을 해야 하는가' 등의 세 가지 과제를 늘 조직 구성원에게 물을 수 있어야 한다.

사기업의 존재 이유는 대체적으로 명확하다. 고객에게 최고의 가치를 제공함으로써 이익과 매출을 극대화하는 단순한 논리를 바탕으로 존재하기 때문이다. 반면에 공적 영역에 속한 조직은 시대와 환경의 변화에 따라 스스로의 존립 이유를 적극적으로 정의하고 재정립하는 것에 다소 미약하다. 조직의 존립 이유가 명확해야만 해야 할 일과 하지 말아야 할 일을 정확하게 판단할 수 있을 텐데, 안타깝게도 그렇지 못한 실정이다.

다음으로는 가치창조에 방해되는 공정, 제도, 관행, 그리고 관습을 폐지함으로써 발생하는 불편과 고통을 받아들이는 문제가 남는다. 한 번 몸담은 직장에서 정년을 맞이하는 것을 너무도 당연하게 여기는 풍토 속에서 자연스럽게 변화와 혁신을 받아들이기란 쉽지 않다. 조직이

란 마치 버스와도 같아서 상황이나 환경 변화에 따라 먼저 내리는 사람
도 있고 종점까지 가서야 내리는 사람도 있다. 하지만 잘못 탔다거나
버스에 문제라도 생겼을 경우에는 즉각 다른 버스로 갈아탈 수 있는 유
연성이 필요하다.

변화를 두려워하는 조직은, 이내 썩고 마는 고인물과 같다. 이는 개
개인의 삶에 있어서 역시 마찬가지며 국가적 차원에서도 다르지 않다.
그러므로 임무와 용도의 가치가 사라진 조직은 과감하게 폐지할 수 있
어야 하며 여기에는 결단력 있는 용기가 필요하다. 가치창조에 기여할
수 없는 조직이 연명하고 있다는 것은 누군가의 몫을 갉아먹고 있다는
것이다. 사회가 늙어간다는 것은 가치창조에 기여하지 못하거나 불필
요한 기능의 범위가 계속해서 커짐으로써 이를 보조하는데 들어가는
비용이 점차 증가하는 것을 말한다. 사회가 젊어지기 위해서는 그런 환
부를 말끔하게 도려내는 수술이 절대적으로 필요하다.

혁신지향적 문화

혁신지향적 문화의 중심에는 차별화라는 단어가 존재한다. 잘하든 못
하든 간에 비슷비슷한 대우로 일관하는 제도와 문화 속에서는 혁신이
란 결과물을 얻기 힘들다. 차별화는 정정당당한 경쟁을 통해 스스로의
성과를 평가받고 책임지는 것이다. 그 평가는 당연히 엄격한 측정에서
비롯되어야 한다. 예를 들어 교원평가제를 두고 '부당하다'고 주장하

는 행동은 상식적으로 납득하기 어렵다. 평가 없이 어떻게 개선과 혁신 그리고 창조에 대한 인센티브가 존재할 수 있겠는가. 비용은 자신이 발생시키고 부담은 상대가 져야 한다는 논리와 주장이 만연하는 기존의 조직과 사회에 더 이상의 기대는 불필요하다.

혁신지향적 문화의 중심에 존재하는 또 한 가지는 치열한 경쟁 압력이다. 이것이야말로 모든 진보의 핵심이다. 지나친 경쟁이 인간과 조직에 위해를 끼칠 수 있다는 논리가 횡행하지만, 경쟁의식이 없는 조직이나 사회는 결국 온정주의적 성격으로 변질되어 낙후되고 만다. 온정주의는 단기적으로 인간적인 것처럼 보이지만 그런 문화는 훗날 큰 비용을 치러야 한다. 세상에 공짜는 없으니 말이다.

다음으로 언급하지 않을 수 없는 것은 실패나 실수를 대하는 사회의 분위기와 태도다. 패자부활전이 인정되지 않고 실수나 실패에 대해 낙인을 찍는 문화 속에서 혁신은 나올 수 없다. 인센티브에 민감하게 반응하는 사회에서 그런 시스템으로는 누구도 과감한 도전을 시도하지 않는다. 이런 점에서 실수나 실패에 대해 관용을 베풀고 미지의 것들에 대한 도전을 긍정적으로 보는 미래지향적인 조직과 문화는, 혁신을 만드는 매우 중요한 인프라에 해당한다고 할 수 있다.

혁신에 앞장서거나 먼저 달성한 자에 대한 사회적인 평판이나 칭송 역시 중요한 부분이다. 사람들은 누구나 인정받고 싶은 욕구를 갖고 있어서, 물질적인 보상 못지않게 누군가의 갈채를 받는다는 사실만으로도 혁신에 대한 강한 욕망을 품는다. 혁신지향적 제도와 사회로 가는 길은 건강한 의미에서 일종의 문화혁명에 속한다. 이는 단순히 하드웨어의 변화로만 이루어지지 않는다. 각각의 분야에서 새로운 미지의 세계를 향해 끊임없이 도전할 수 있는 분위기와 문화, 제도가 마련될 수 있을 때 사람들은 자신의 능력을 활화산처럼 분출한다. 근래의 우리 사회는 온통 '안정, 안정, 안정'이라는 분위기가 지배하고 있는 듯해서 아쉬움이 많다. 이러한 분위기를 뒤엎을 수 있는 변화와 혁신 그리고 이를 이끌 지도자가 절실하게 필요하다.

공무원 수를 줄이자

06

파킨슨의 법칙

2006년을 기준으로 하면 정부 공무원 총인건비는 20조 4천억 원으로, 일반 회계 예산 144조 8076억 원의 14.1%가 된다. 문제는 1999년 불과 10조 9천억 원에 머물렀던 총인건비 규모가 7년 만에 두 배로 껑충 뛰어올랐다는 점이다. 그럼에도 불구하고 선진국에 비해 인구 당 공무원 수가 부족해서 앞으로 공무원 수를 더 늘려야 한다고 주장하는 사람들도 있다. 그러나 고정비 성격의 인건비가 늘어나면 당연히 사업비 성격의 예산은 줄어들 수밖에 없다.

우선 '무엇이든 정부가 해야 한다'는 고집을 버리면 해결책은 보인다. 반드시 정부가 해야 하는 일을 제외하고는 민간업체에 일임해서 '작은 정부'가 되도록 하는 것이다. 두 가지 방법이 있는데, 하나는 민간업체에 아웃소싱하는 운용방법이고, 다른 하나는 민간업체에 완전히 매각하는 방법이다. 대표적인 예로 서울시가 관련업무를 민간에 위탁한다는 발표가 있었다.

"2010년까지 서울시 산하기관 20여 곳이 민간에 위탁된다. 서울시는 강남구 수서동 여성보호센터, 시립병원(어린이·서북·은평) 중 1곳, 체육시설관리사업소, 난지 물재생센터, 주요공원(보라매·남산·월드컵·여의도·서울대공원 등) 중 1곳을 민간운영 체제로 바꾸기로 했다고 밝혔다. 이 중 여성보호센터는 올해 안에, 난지 물재생센터는 내년에 민간위탁된다. 민간위탁 운영이란 서울시가 소유하되 딘간 사업자가 운영을 맡는 것으로, 아예 매각해 버리는 '민영화'와는 다르다.

시는 도로관리사업소 6곳과 아동복지센터, 데이터센터 등은 일부 업무를 민간에 아웃소싱하기로 했다. 상수도사업본부는 당초 정수사업소 등 일부만 민간위탁 하려던 방침을 바꿔 통째로 공사로 전환하는 쪽으로 가닥을 잡았다. 그러나 당초 민간 사업자를 참여시키려 했던 교통방송(TBS)과 서울시공무원수련원(강원 속초) 등은 그대로 직영하기로 했다. 서울시는 현재도 풍납동 영어마을, 남산 1·3호 터널 혼잡통행료 징수, 상하수도 검침 등의 사업을 민간에 맡기고 있다. 서울시의 계획이 예정대로 추진될 경우 산하기관 소속 공무원의 30% 정도가 줄어들 전망이다. 공사화를 추진하는 상수도사업본부의 경우 소속 공무원만 2700여명에 달한다. 김태두 서울시 조직담당관은 '작고 효율적인 조직을 만들어 업무 효율을 높이기 위한 조치'라며 '민간위탁 되는 곳의 직원이 공무원 신분을 유지하기를 원하면 행정 수요가 늘고 있는 곳으로 재배치하는 등 인위적 퇴출은 하지 않을 것'이라고 말했다."

– 송종현, '서울시, 20개 사업소 민간에 맡긴다', 〈한국경제신문〉, 2007. 8. 10.

공무원의 직접경영에 비해 민간위탁이 효과적인 경우는 많다. 그러나 불가피한 경우가 아니라면 민간위탁도 민영화에 비해 한계가 있다. 행정업무 특성상 문제가 없다면 민간에 그 기능을 완전히 매각하는 것이 최상의 정책이다. 미국의 경우는 교도소까지도 민간위탁을 선택하는 사례가 흔하다. 물론 그 효과에 대해 의견이 분분하긴 하지만 정치 사회적인 부분을 제외한 효율성 측면에서는 민간업체의 운영이 훨씬 효과적인 것으로 알려져 있다. 다만 행정업무 가운데 민간에게 넘기는 일이 법적으로나 정서적으로 불가능한 것들이 있다. 이런 경우의 차선책이 바로 민간위탁이다. 병원이나 어린이집 등의 운영을 오래 경험했거나 전문지식을 가진 비영리단체가 맡는 경우에는 그 효과가 훨씬 클 것이다. 하지만 민간위탁의 경우에도 많은 부분 포장만 바꾸는 경우가 있다. 전직 공무원 출신들이 전관예우 차원에서 자리를 옮겨 이에 걸맞는 대우를 받는 경우를 말한다. 이런 경우 효과적 측면에서 볼 때 운용수준은 직영과 별반 차이가 없다.

때문에 작은 정부론을 실천하는 최우선 정책은 본래의 민영화에 걸맞게 운영하는 방법이다. 그리고 피치 못할 이유로 그러한 방식이 여의치 않은 경우에는 민간위탁을 시행하면 된다. 또 민간위탁이 단순히 공무원 수를 줄이는 전시효과가 되지 않도록 적절한 보완조치도 필요하다. 일정 기간의 시간을 두고 입찰 등을 이용해 실질적인 경쟁을 도입하는 방법도 한 가지 대안이라 할 수 있다.

정년이 보장되는 공무원법 하에서 공무원 수를 인위적으로 줄이는 일은 많은 마찰을 불러올 것이다. 외환위기와 같이 이례적인 위기 상황이 도래하기 전까지는 아마 공무원 수는 계속해서 늘면 늘었지 줄지는 않을 것으로 보인다. 그렇기 때문에 공무원 수에 대한 정보를 낱낱이 공개할 수 있는 제도적 장치가 필요하다. 앞서 예로 든 적자예산이나 국가부채와 마찬가지로 중앙정부뿐만 아니라 지방자치단체에 대해서도 공무원 수에 대한 상세한 정보가 상시로 공개돼야 한다.

그리고 인력증가 억제는 무엇보다도 중요한 원칙이다. 부처별 인력증가를 그대로 따르다 보면 한도 끝도 없이 인력이 증가되어 이는 곧 예산낭비로 이어진다. "정부조직은 주어진 구실이나 업무와는 관계없이 항상 사람을 늘어나게 하는 속성이 있다"는 '파킨슨의 법칙'처럼 말이다. 실제로 이런 추세를 뒤집기 위해 인력감축에 대한 강력한 인센티브 정책을 고려해야 한다. 혁신으로 인력조정에 성공한 조직의 경우 포상과 아울러 경제적인 인센티브를 제공하고, 이런 성공사례를 적극적으로 확산함으로써 경쟁적으로 작고 슬림한 조직을 만들도록 자극을 주는 것이다.

작은 정부론

참여정부가 2007년 1월부터 실시하기 시작한 총액인건비예산제도(예산당국이 각 부처별 인건비 예산의 총액만 관리하고, 각 지방자치단체와 기관은 동 인건비 한도 내에서 조직 인력 규모의 종류를 결정하는 제도)의 효과를 지켜봐야 하겠지만, 어느 정도 성과를 거둘 수 있을 것으로 예상한다. 하지만 인건비 감축에서 더 나아가 인력축소에까지 이룰 수 있을지는 미지수다.

아주대 경제학과의 현진권 교수는 공무원 수의 증가가 낳는 부정적 효과에 대해 다음과 같은 논리를 펼친다.

"관료사회가 팽창하게 되면, 그만큼 관료들의 사적이윤을 극대화하는 정책이 강화됩니다. 물론 겉으로는 국가와 국민들을 위하는 정책이라는 자료 및 논리가 항상 뒤따르지요. 관료들의 사적이윤을 극대화하는 방향은 크게 두 가지가 있습니다. 첫째, 민간시장에 대한 규제를 강화하는 것입니다. 관료의 힘은 민간에 대한 규제가 많을수록 커지게 됩니다. 따라서 관료사회는 민간시장을 규제할 수 있는 논리가 조금이라도 존재하면, 공적이윤 논리를 앞세워 규제를 강화하게 됩니다. 규제당하는 민간 입장에서는 규제를 해결하기 위해 해당 관료들을 대상으로 로비하는 것이 가장 효과적이므로, 관료는 그만큼 사적이윤을 더 키울 수 있는 것입니다. 이는 곧 지대추구행위로서, 민간의 자본이 생산적 경제활동에 투입되지 않고, 로비 등과 같은 비생산적 활동으로 이전되므로, 국가경제

성장에 해가 되는 것입니다.

둘째, 관료들이 사적이윤을 극대화하는 또 하나의 방법이 각자 속해있는 부서의 재정지출규모를 극대화하는 것입니다. 정부의 지출규모는 국가 전체적으로 볼 때, 가장 최적의 규모가 이론적으로 존재합니다. 그러나 관료입장에서는 공적이윤을 극대화하는 지출규모보다는, 해당부서의 예산규모를 제약 없이 극대화하는 것이 곧 사적이윤을 극대화하는 것입니다. 해당부서의 예산규모가 많으면 많을수록 민간을 조정하는 힘이 커지기 때문이지요. 민간입장에서는 정부지원을 더 받기 위해 관료를 대상으로 로비활동을 할 것이고, 관료들은 재임 중 혹은 재임 후에 여러 가지 형태로 사적이윤을 추구할 수 있는 것입니다. 그만큼 국가경제의 성장속도를 늦추게 될 것입니다."

– 현진권, '작은 정부가 시대정신이다', 〈Opinion Leaders Digest〉, 자유기업원, 2007. 5. 10.

공무원 수를 늘리려는 강한 인센티브는 모든 부처가 갖고 있다. 이들은 사람 수의 증가에 대비해 예산도 늘리고 힘도 늘릴 수 있기 때문이다. 하지만 이를 견제하는 세력은 전무하다. 거둘 수 있는 편익이 확실하지만 이를 나누어 갖는 사람들이 넓게 분포되어 있기 때문이다. 정부의 예산 실태와 정부 크기의 증가를 꾸준히 감시하고, 또 이런 운동을 사회적인 관심으로 확산시킬 수 있는 기관이 반드시 필요하다. 입법부의 견제 기능이 미미한 실정이므로 이런 운동의 필요성은 더욱 절실하다. 사람들은 보통 편익을 얻기 위해 지불해야 하는 비용에 대해서는 무심한 채 정부가 제공하는 편익에만 관심을 갖는다. 때문에 작은 정부론에 대해 총론에서는 찬성하지만 자신의 이익과 관련된 각론에 들어가면 무시하는 경우가 허다하다.

정부가 선행을 베풀 거라는 막연한 기대와 환상을 경계하고 이를 넘어설 수 있는 설득과 계몽작업이 필요하다. 이론적이기보다는 피부에 와 닿을 수 있는 생생한 실제사례를 제공해 국민들로 하여금 보고 느낄 수 있도록 하는 것이다. 한때 '작은 정부'에 대한 믿음이 득세할 때는 공영방송에서도 영국이나 뉴질랜드 등과 같은 나라의 성공적인 행정 혁신 사례를 적극적으로 알리기도 했다. 이와 같은 노력은 국민들로 하여금 행정 혁신이나 공무원 조직의 기능에 대해 다시 생각할 수 있는 기회를 제공한다. 막연한 선입견이나 고정관념을 깨뜨리는 데 큰 효과가 있기 때문이다.

불필요한 기관들을 정비하자

행정구역을 통폐합하라

늦은 감이 있지만 지금이라도 서둘러 생활권 중심으로 행정구역을 재조정하는 방안을 적극적으로 추진해야 한다. 지난해 노무현 대통령은, "행정구역 개편은 10~20년이 걸리는 문제"라며 만만치 않은 작업임을 내비친 적이 있다. 하지만 행정 효율성의 강화, 예산 절약, 공무원 수축소 등을 위해 행정구역을 정비하는 일에 박차를 가해야 한다.

행정구역 개편작업은 이미 1990년대 초, 지방행정 재편에 관한 기본법을 시작으로 상당 부분이 진행되어 이미 여당과 야당이 각각의 안을 마련할 정도로 진전되었으며, 의견도 어느 정도 수렴한 상태다. 그렇다면 차기 정부는 이를 반드시 성사시켜야 할 과제를 떠안은 셈이다.

그동안 경기도의 경우만 하더라도 경기 북부에 거주하는 주민들은 경기도청이 위치한 수원까지 민원을 처리하기 위해 이동해야 하는 불편을 겪었다. 그 때문에 경기도를 경기남도와 경기북도로 나누고 경기북부 지역에 별도의 도청을 만들자는 의견이 나오기도 했다. 여기서 우리가 가져야 할 의문은 도청이라는 행정조직을 지속적으로 유치할 필요가 있는가 하는 것이다. 도에서 담당하는 업무의 상당 부분은 기초자치단체나 그 협의체를 통해 중앙정부와 처리할 수 있다. 물론 조정비용을 들여 현재의 도 체제를 계속해서 유지해야 한다고 주장하는 사람들도 있겠지만, 생활권과 관계없이 행정상의 필요에 의해 존재하는 광역도(道)를 폐지하고 그 기능을 지방자치단체로 이관해 생활권 중심의 협의체가 되도록 하는 검토가 필요하다. 다행히 지난해 '지방행정체제개혁추진정책기획단'이 작성한 자료에 의하면 여야 모두 서울특별시를 제외한 광역시와 도를 폐지하자는 원칙적인 합의를 보았다고 한다. 늦은 감이 있지만 시의적절한 조치라는 생각이다. 반드시 이런 결정이 빠른 시간 안에 추진될 수 있도록 힘을 모아야 할 것이다.

고령화와 저출산 그리고 이농 현상 등으로 인해 인구가 급감한 군(郡)에 대해서는 대대적인 통폐합 작업이 진행되어야 하고, 특히 인접 지역에 시(市)를 끼고 있는 군의 경우에는 생활권 중심으로 광역화하는 작업을 더욱 확대해야 한다. 현재 집권 여당은 시군을 인구, 면적 그리고 재정 규모를 고려해 2~5개의 기초자치단체로 구성한 시로 통합해서 전국을 64개의 광역시로 통합할 예정이라고 한다. 이런 조치의 목적은 도-군-면으로 구성된 3단계 행정체계를 2단계로 줄이는 대역사가 될 것이다. 이해당사자들의 반발이 예상되지만 생활권 중심의 행정체제 개편이라는 원래의 목적이 변질되지 않아야 할 것이다. 60개 내외로 지방자치단체가 조정될 수 있다면, 중장기적으로 기대 이상의 예산 절감과 행정 효율성을 꾀할 수 있다. 지방행정을 연구하는 일부 전문가들은 "도(道)를 폐지하고 지방자치단체를 모두 54개 광역시로 재편할 경우 지방자치단체 간 업무 중복과 갈등을 줄임으로써 28조 2천억원 정도의 편익이 발생한다"고 말하기도 한다.

서울시 개편안에 대해서도 현재의 '특별시'를 존속시키면서 5~9개의 시로 분할한다는 구상이 갖춰져 있다. 이런 결과가 이루어지면 각 시는 구청장을 파견하는 형식을 취하게 될 것이다. 그러나 서울특별시를 굳이 그렇게 분리해서 시로 만들 필요가 있는가에 대해서는 추가적인 논의가 있어야 할 것이다. 단순히 양적으로 크다는 이유 때문에 인위적으로 서울특별시를 몇 개의 시로 나누는 것은 오히려 행정구역의 광역화에 역행하는 조치일 수도 있다. 실제로 뉴욕, 동경, LA 등의 거대도시는 거대한 규모에도 불구하고 하나의 행정단위를 유지한다. 단순히 크기 때문에 분할해야 한다는 이유는 매우 궁색하다. 앞으로 교통, 환경 등 다양한 도시 문제를 처리해 감에 있어서 5~9개로 분리된 시(市) 간의 통합조정 비용이 만만치 않을 것이기 때문이다.

끝으로 읍, 면 그리고 동사무소의 통폐합 문제를 들 수 있다. 이미 서울시는 현재의 518개 동사무소를 2008년 말까지 418개로 통폐합 할 예정이라고 한다. 이로써 기존 인력 1308명은 다른 동사무소와 구청에

각각 재배치될 예정인데, 동사무소 청사를 시민고객의 문화복지시설로 활용해 일정한 예산절감을 기대하고 있다. 꼭 필요한 시설이 아니라면 동사무소나 읍, 면의 기능을 상실한 시설물을 전부 혹은 일부 민간에 매각하는 방안도 고려할 수 있다. 행정기능이 모두 전산화된 상태에서 동, 읍, 면은 얼마든지 통합조정이 가능하다.

현재 계획에 의하면 행정구역 개편작업은 2010년에 있는 지방자치단체장 선거까지 모든 개혁안을 완료할 예정으로 추진되고 있다. 지역정서나 정치적 이해관계가 첨예하게 엇갈리는 부분이 있더라도 시간을 단축해 마무리해야 할 일이라고 본다. 강력한 정치적 리더십이 발휘되지 않으면 성사되기 힘든 일인 만큼 기대가 크다.

08

적자예산 편성에 엄격하고
감세정책을 펼치자

채무 규모로 정치인을 평가하자

'누구든 먼저 차지하는 사람이 임자'라는 의식이 팽배한 가운데 무조건 개개인의 자제를 바라는 건 모순이다. 인간은 본능적으로 자신의 이익에 민감하게 반응한다. 개인도 그렇지만 단체나 집단은 인센티브에 더더욱 반응한다. 자발적으로 이익을 억제하라는 요구는 결코 받아들여지지 않는다.

그렇기 때문에 우선은 국가의 부채 규모에 대한 정확한 정보를 국민에게 전달하는 제도 마련이 절실하다. 국회가 초당파적인 합의를 거쳐 좁은 의미와 넓은 의미의 국가부채를 각각 정의한 다음 현재의 자료뿐만 아니라 시계열 자료를 포함해 낱낱이 공개하는 것이다. 이때 가능한 모든 국가부채 자료를 공개하도록 해야 한다. 예를 들어 정부가 명시적이건 묵시적이건 간에 지급보증을 하는 모든 공적기관들, 즉 각종 공사의 부채까지 공개하는 것이다.

정권이 바뀔 때마다 상대 당이 집권하는 동안 늘어난 국가부채 규모를 두고 설왕설래가 빈번하다. 행정을 책임지고 있는 사람들에게 엄격한 기준에 따라 재임의 시작과 끝에 국가부채 규모를 공개토록 하면 이러한 문제는 선명해진다.

경제성장률이 중요한 치적이듯이 국가부채를 어느 정도 줄일 수 있는가 하는 점이 정치인들에 대한 주요 평가사항이 된다면 이를 절감할 수 있는 충분한 인센티브가 제공되는 셈이다. 국가부채와 더불어 각 지방자치단체도 좁은 의미와 넓은 의미의 부채 관련 자료를 동시에 제공할 수 있어야 한다. 이러한 자료는 지방자치단체장들의 또 다른 성과지표로 활용할 수 있다.

이와 같은 제도를 체계화하면 행정부를 책임지고 있는 대통령과 이를 지원한 집권 여당 그리고 지방자치단체장에 이르기까지, 무분별한 적자편성과 이를 통한 인기영합주의적인 정책을 억제할 수 있다. 경영성과에 대한 주요성과지표(KPI : Key Performance Index)에 바탕을 두고 기업 경영자를 평가하는 것과 마찬가지로 재임기간 동안 만들어낸 채무 규모를 정치인을 평가하는 성과지표로 삼으면 된다. '얼마나 살림을 알뜰하게 경영해 빚을 줄일 수 있었는가' 하는 문제가 선거의 중요한 판단 기준이 된다면 정치인들은 너나없이 허리띠를 졸라맬 것이다.

예산통제협약

다음으로 필요한 조치는 천재지변이나 전시 등의 예외적인 경우가 아니라면, 일정 부분 이상의 적자예산이나 국가부채가 발생하지 않도록 엄격한 가이드라인을 정하는 것이다. 일찍이 자유주의 경제학자인 밀턴 프리드먼이 경제 규모에 따라 일정한 비율로 통화량 증가를 인정하자고 주장했던 것처럼 예산 적자나 국가부채에 일정한 '헌법적 제약'을 두어야 한다. 참고로 유럽연합은 재정건정성을 유지하기 위해 회원국들이 일정 비중 이상의 국가부채를 질 수 없도록 규정하고 있다. 유럽연합은 1996년 12년에 더블린에서 열린 정상회담에서, 단일통화의 가치 하락을 막기 위해 재정을 방만하게 운영하는 회원국에 대한 벌금 부과기준(재정 적자가 국내 총생산의 3%를 초과할 경우 자동적으로 국부의 0.2~0.5%에 해당하는 벌금을 내야 한다)을 명기한 예산통제협약을 합의해 운영하고 있다. 실제로 예산통제협약은 유럽연합의 회원국들이 내부의 정치적인 이유 때문에 적자예산을 편성해 운영하는 데에 상당한 제약이 되고 있다. 그동안 독일, 프랑스, 그리스 그리고 신생 동유럽 국가들이 이 제도의 도입으로 무분별한 적자예산의 편성에 제동이 걸리기도 했다. 이처럼 우리 스스로 헌법 내에 일정한 규정을 두어 국가부채나 적자예산에 대한 엄격한 가이드를 제시해야 한다.

대통령 중심제를 선택하고 있는 다른 나라와 마찬가지로 우리의 경우는 행정부의 수장인 대통령에게 지나치게 많은 권한을 주고 있다. 집권 이전에 국가부채나 적자예산에 대해 비판적인 주장을 펼치다가도

막상 집권에 성공하면 자신의 업적을 극대화하기 위해 예산 규모나 국가부채를 늘리게 마련이다. 이에 대해 아예 헌법적 제약을 두는 방안을 추진하는 것이다. 지도자의 선의나 선행에 의지하기에는 국가부채나 적자예산을 통한 나눠주기식 정책의 유혹이 너무나 강하기 때문이다. 적절히 제어되지 않는 권력이란 자신의 의지를 관철하려는 속성을 갖고 있기 때문에 제도적인 보완장치가 마련되어야 한다.

왜곡된 인센티브 구조

지방자치단체가 주도하는 대형 프로젝트나 전시성 건물 증축에도 인센티브 구조가 왜곡되어 있다. 다시 말해서 중앙정부가 부담해야 하는 액수와 지방정부가 부담해야 하는 액수 사이의 상대적 비중은 크게 차이난다. 프로젝트를 기획한 지방정부 측에서 그렇게 만들었을 가능성이 높다. 이런 경우 지방자치단체의 부담 비중을 크게 올리면 문제는 즉시 해결된다. 스스로의 비용부담이 늘어난다면 자신의 사업을 더욱 엄격하게 관리할 것이다. 스스로의 편익을 늘리기 위한 프로젝트는 '수익자 부담의 원칙'이 존중될 수 있도록 중앙정부의 비중을 줄여야 한다.

이런 조정과정은 이해관계자들의 반발로 인해 난항을 겪게 될 것이다. 이는 혜택을 누리는 사람들의 숫자가 월등하고 그들을 대표하는 국회의원의 수 또한 많다는 것을 증명한다. 때문에 재정건정성을 위한 제도의 틀을 바꾸는 일은 거의 혁명이라 일컬을 정도로 힘이 드는 사안이다. 그렇다고 포기할 수는 없다. 현재처럼 소비지출은 지방자치단체가 하고 부담은 중앙정부가 떠안는 시스템을 유지하는 한 부채 증가를 막을 수는 없다.

다른 한 가지는 지방자치단체의 자구 노력을 촉진하기 위한 인센티브 조치에 대해서 충분히 검토하는 것이다. 예산을 줄이기 위한 각종 혁신을 지원하고 이를 교부금 반영에 적극적으로 고려하는 방안은 이미 부분적으로 실시되고 있지만, 행정혁신 사례 차원에서 적극적으로 고려할 필요가 있다. 혁신의 성공사례가 더욱더 활발하게 주변으로 퍼져나가도록 하기 위해서라도 말이다.

동시에 '빚은 곧 죄악이다'라는 인식의 변화도 함께 일어나야 한다. 각종 신용카드가 활성화하면서 능력 이상의 소비를 마치 미덕으로 생각하는 인식은 사회를 병들게 한다. 개인의 빚이건 나라의 빚이건 결국 인식에서 비롯되는 것이므로 가장 시급한 것은 인식을 변화시키려는 노력이다.

세수의 범위 내에서의 재정지출 원칙이 정립되어야 한다. 쓸 곳을 먼저 정한 뒤 이에 맞춰 세금을 부담시키는 방식을 택하다보니 조세와 준조세는 지속적으로 늘어나고 있다. 역동적인 성장을 위한 대폭적인 감세(減稅)라는 큰 방향을 정한 다음 그것에 맞춰 기존의 예산을 줄여야 한다. 여기서 '체계적 폐기'라는 단어를 다시 한번 강조하고 싶다. 지금껏 해왔으니까 계속하는 것이 아니라, 타당성 여부를 수시로 체크하고 검토한다면 예산절감은 그리 어려운 일이 아니다.

역동적인 성장에는 반드시 세금 감면이 필요하며, 이를 위해서는 불요불급한 예산은 과감히 줄이는 것을 원칙으로 해야 한다. 아귀가 맞지 않는 기존의 틀을 부수고 경영마인드로 나라 살림을 꾸린다면 부채는 얼마든지 줄일 수 있다.

'시혜성' 복지정책을 줄이자

퍼주기식 복지정책

고령 인구의 급속한 증가와 맞물려 노후를 제대로 준비하지 못한 노년층이 급속하게 늘고 있다. 이미 지방자치단체의 예산 가운데 복지성 지출의 증가 속도는 예상을 앞지르고 있다. 특히 인구가 감소하는 지역의 경우엔 그 비중이 더욱 커져서 당분간 이런 추세를 반전시킬 수 있는 방법은 없어 보인다. 때문에 복지성 예산지출의 증가 속도와 크기는 이런 저런 목적으로 새로운 것을 추가하지 않더라도 앞으로 재정건전성을 유지하는 데 대단히 중요하게 고려할 문제다.

우선 복지정책의 개념을 명확하게 정의해야 한다. 개념의 혼란은 정책의 혼란을 낳기 때문이다. '생산적 복지'라는 용어가 보통명사처럼 유행하고 있지만, 본래 복지는 생산 혹은 근로와는 다른 중립적 의미다. '생산적 복지'가 있을 수 없으며 동시에 '비생산적 복지'도 있을 수 없다. 복지예산을 늘리기 위해서 관련학자와 관료들이 만들어낸 '생산적 복지'와 같은 용어는 환상을 낳아 '복지는 생산적이다'라는 선입견을 심어주게 된 것이다. 복지정책은 단순히 납세자들의 돈을 끌어다 특정 자격을 갖춘 사람들을 무상으로 돕는 정책이다. 원래의 복지정책은 근로능력이 전혀 없는 사람들을 대상으로 인간적인 최소의 삶을 유지하도록 지원하는 정책을 말한다.

절대적 빈곤층에 속하는 사람들에게 최소한 지원하는 예산은 일종의 고정비 성격을 지닌다. 이때 얼마를 지원할 것인가 그리고 그 대상의 기준은 어떻게 정할 것인가에 대해서는 정밀한 조사와 연구를 거쳐 엄격한 기준으로 운용해야 한다. 가난한 노인들에게 생계비를 지원하는 정책이야 당연하다 하겠지만, 노인 인구의 투표권을 의식해 지원이 필요치 않은 일반 노인에게까지 적용되는 많은 지원과 정책은 의당 재검토 되어야 한다. 이는 별도로 '시혜성' 복지정책이라고 이름 붙일 수 있다. 정치적 이해관계로 표를 얻기 위해 일정 연령 이상의 노인층에게 편익을 제공하는 차원의 정책인 것이다. 최근에는 '사회적'이라는 이름으로 일자리를 만드는 부분에까지 복지정책이 확장되고 있다. 공명심이든 이기심이든 간에 사회적 약자를 지원하는 정책이라는 미명으로 스스로 위안을 삼겠지만, 복지지원정책은 한번 만들어지고 나면 그 실효성에 관계없이 계속해서 일정한 예산을 투입해야 한다. 게다가 어떤 복지정책이라도 좀처럼 폐지할 수 없는 고정적인 성격을 지녀서 특별한 상황이 발생하지 않는 한 수혜 계층과 폭의 증가를 막을 수 없다.

물론 정책의 성과를 따져 폐지나 수정 보완 작업이 이루어진다면 복지정책의 효과를 높일 수도 있다. 그러나 모두가 알다시피 정책이 시행되기만 하면 이를 둘러싸고 이익을 얻으려는 이해집단들로 인해 수정 보완은 시행조차 어렵고 폐지는 더더욱 불가능한 일이 되고 만다. 효과 때문에 제도가 존재하는 것이 아니라 이를 운영하는 사람들 때문에 제도가 굴러가는, 마치 주객이 전도된 양상이다.

자신의 이해와 관련된 업무의 개폐를 주장할 수 있는 사람은 흔치 않다. 결과적으로 사라지는 복지정책은 없고 계속해서 사회적 이슈가 되는 사안을 끌어다 복지정책을 만드는 일만이 지속되고 있다. 예를 들어 출산율을 장려하기 위해 일정한 보육비를 지원하는 제도처럼 정부가 특정 계층을 도와야 한다는 주장은 곳곳에서 터져 나온다. 대개의 사람들은 어렵기 때문에 도와야 한다는 사실에만 주목하지, 이를 위해 어떻게 재원을 조달해야 하고, 누가 더 많은 부담을 안게 되며, 이로 인한 효과는 어떨지에 대해 꼼꼼하게 따지지 않는다. 출산율을 높이기 위한 보육비 지원의 경우를 보더라도 어느 누구도 이에 대한 반대 의견을 내놓지 않는다. 출산율을 높이기 위해서라는 그럴듯한 명분을 반대할 사람은 없기 때문이다. 하지만 이런 조치의 효과는 극히 제한적이다. 얼마간의 보조금 때문에 아이를 낳겠다고 결정하는 사람은 극소수에 불과하니 말이다. 게다가 보육비 지원을 받기 위해서는 일정한 요구 조건을 갖춰야 한다. 부부의 합산 소득이 어느 정도 이하여야 하고 또 집이

한국, 10년의 선택

나 자동차 등의 재산도 조건 이상이 되어서는 안 된다는 등의 여러 제약이 따른다. 부유한 사람이 아니라 가난한 사람들을 돕는 데 초점을 맞춘 정책이기 때문이다.

그러나 이런 정책 시행에 있어서 역시 편법은 존재한다. 보육비를 지원 받는 개인이나 보육기관은 가능한 많은 지원금을 얻어내기 위해 서로 협력한다. 이런 와중에 정책의 의도와는 달리 혜택을 받아야 할 사람이 아닌 다수의 사람들이 혜택을 받는 경우가 발생한다. 불특정 다수의 세금으로 거둔 돈이 이렇게 쓰이고 있는 것이다.

보수적 관점으로 선회

극빈자를 돕기 위한 구호활동이 아니라 사회적인 목적을 이루기 위해 실시되는 복지정책은 대부분 이와 같은 과정을 밟는다. 그래서 '시혜성' 정책이 아니라 다시 원래의 복지정책으로 되돌려놓아야 한다. 복지정책은 일자리를 만드는 것과 무관하며, 일반 노인을 돕는 것과도 무관하며, 아이를 많이 낳는 것과는 더더욱 무관하다. 오로지 근로능력이 없는 사람들을 대상으로 국가가 도움을 주는 정책으로 한정하면 나머지 문제들은 깔끔하게 정리된다.

국민의 정부에서 만들어진 국민기초생활보장법 역시 근로능력의 여부에 관계없이 최저생계비를 보장하는 복지시책이다. 이런 제도는 당연히 수혜 계층을 확대시킨다. 참여정부가 집권하면서 보장을 받지 못하는 수혜자들을 구제하기 위해 부양의무자가 되기 위한 조건을 완화하는 등의 조치가 잇따랐다. 가난한 사람들을 돕는 원래의 복지정책조차도 이처럼 수혜 대상을 넓혀가는 관성으로부터 자유롭지 않다. 그래서 이런 제도의 현황과 문제점을 감시감독하는 주체가 없다면 계속해서 재정부담은 놀라운 수준으로 늘어나고 말 것이다.

'시혜성' 복지가 낳은 또 하나의 폐해는 건강보험에서도 찾을 수 있다. 그동안 환자들의 식사가 보험 대상에 포함되지 않아 식사가 부실하다는 이야기가 잇따랐다. 참여정부는 대통령 선거 전에 건강보험의 보장성 강화를 약속한 바 있다. 논란 끝에 지난해 6월부터 건강보험공단이 환자가 내야 할 식대의 80%를 지원하는 정책을 추가했다. 그 결과는 1년 만에 4355억 원의 재정부담을 낳았다. 건강보험 재정은 중증질환자 본인부담 감축, 입원환자 식대지원, 그리고 6세 미만 아동 입원시 본인부담금 면제 등과 같이 참여정부가 들어선 다음에 잇따라 실시한 '시혜성' 복지 때문에 지난해 4년 만에 1800억 원의 적자를 기록했다. 올해는 그 적자 폭이 3200억 원으로 늘어날 전망이다.

정부가 최소한을 부담하고 나머지는 본인이 부담하도록 한다는 원칙을 지키지 않는 한 복지정책으로 인한 재정부담은 눈덩이처럼 불어날 수밖에 없다. 늘 문제가 되고 있는 국민연금도 마찬가지다. 국민연금이 부담액과 수혜액을 개정하는 문제를 두고 새로운 정권이 등장할 때마다 이런 저런 아이디어들이 나오긴 하지만 처음부터 노후를 위해 국가가 나선 것 자체가 문제다. 우리보다 먼저 국민연금을 시행한 나라들은 대부분 적자로 고생한다. 이 역시 방법은 명확하다. 적게 거두고 적은 혜택을 주면 된다. 국가가 연금사업을 독점하는 현재의 제도로는 비효율적 운영을 피할 수 없다. 민영화할 수 있는 제도개선을 고려해봄직 하다.

최선의 방법은 명분이 어떻든 '시혜성' 복지정책을 더 이상 늘리지 않는 일이다. 또 나라가 누군가를 돕는 정책은 아주 예외적인 경우가 아니라면 상당한 낭비를 가져온다는 의식을 갖는 것이다. 입법부나 건강한 시민사회단체를 중심으로 복지예산의 낭비에 대한 조사와 발표를 통해 이미 존재하는 최소생계비의 지원 이외에는 차근차근 수정 폐지 작업을 진행시켜 나가야 한다. 인간적인 차원의 지원책들이 원래의 의도와 달리 상당한 폐해를 불러온다는 사실을 직시하고 보수적인 복지정책으로의 선회가 필요하다.

10

노동정책을 새로 짜자

불합리한 노동제도

노사관계의 안정화를 위해서는 제도개선을 위한 노력도 중요하지만 실행에 더 많은 관심을 기울여야 한다. 현행 제도의 틀 안에서 법질서의 회복에 우선순위를 두어 모든 노동운동이 합법적인 테두리 안에서 전개될 수 있도록 하는 것이다. 처음부터 거창하게 시작할 필요는 없다. 사회적 현안이 되는 노동운동에 대해 하나씩 선례를 만들면 된다.

우선 불법적인 사업장 점거에 대해서는 엄격한 법 집행이 필요하다. 사업장을 무단으로 점거하고 이를 빌미로 의견을 관철시키려는 행위는 사업장의 소유자나 이해당사자들에게 미치는 피해뿐만 아니라 일반인들에게 '저렇게 해도 사회가 허용한다'는 인상을 심어주어 사업장 점거를 마치 정당한 행위로 인식하게 만든다.

일각에서는 사회적 약자에 대한 특별한 배려가 필요하다고 주장하기도 하지만 이미 한국의 근로자들에게는 충분한 선택권이 있고, 자신을 보호할 수 있는 수단이 존재하며, 근로자의 법적 권리도 보호되어 있다. 때문에 노동현장에서의 법 준수는 하루속히 노사관계를 안정시킬 수 있는 지름길이라 할 수 있다.

다음으로 필요한 일은 불법적인 노동운동으로 타인에게 피해를 입힌 당사자들에게 반드시 민형사상의 책임을 묻는 것이다. 적당히 끝내는 식의 처리방법이 더 이상 통하지 않도록 사회적 규율이 필요하다. 자신의 행위에 대해 엄격하게 책임질 수 있는 관행이 자리 잡으면 현재의 노동운동은 지금보다 훨씬 합리적인 모습으로 변화할 것이다.

사회적 성격이 강한 업종의 경우에는 단체행동에 대해 일정한 규제를 가할 필요도 있다. 최근 병원에 대해 그런 제안들이 제시되고 있다. 실제로 노동운동은 상대방의 약점을 볼모로 잡아 노동조합이 압력을 가하는 경우가 많다. 때문에 그들은 자신의 요구조건을 관철시킬 수 있는 무기를 항시 소유하고 있는 셈이다. 이런 조건하에서 불손한 의도를 가진 일부 노동조합은 자신의 단체행동권을 이용해 언제든지 경영자를 압박하고 무리한 요구를 관철시킨다. 반대로 경영자 측은 노동조합에 속한 사람들을 해고할 수 있는 권한이 없으며, 이러한 조건은 노동조합이 일방적으로 힘을 남용하는 경우에 기여한다. 사실상 장치사업의 성격이 강한 대기업이나 병원 등의 경우에는 노동조합과 경영자 사이에 심한 힘의 불균형이 존재한다. 그래서 무리한 요구와 파업의 악순환은 계속될 수밖에 없는 상황이다. 힘의 균형을 회복할 수 있는 강력한 조치가 필요한 시점이다.

그 밖에 불합리한 노동제도 역시 빠른 시간 안에 개선되어야 한다. 노동조합운동에 쓰는 비용을 경영자들로부터 보조받는 일은 명분으로나 논리적으로 봐도 합리적인 결정이 아니다. 그리고 이따금 정치적인 영향력을 가진 인물이 보이는 일관성 없는 행동과 발언이 오랫동안 쌓아온 노사관계를 일거에 무너뜨리는 경우를 목격하게 된다. 노사문제는 제도의 문제이기도 하지만 원칙의 문제이기도 하다. 오랜 세월 동안 상당한 사회적 비용을 지불한 영국의 경우를 보더라도 그냥 세월에 맡겨둔다고 해서 노사관계가 제자리를 잡는 것은 아니다. 원칙을 뚜렷이 하고 할 수 있는 일과 그렇지 않은 일을 분명히 구분해 자신의 행위에 대해 스스로 책임지는 가운데 관계도 회복되는 것이다.

전후 수십 년 동안 어려움을 겪은 영국은 마가렛 대처의 철두철미한 원칙주의에 의해 문제 해결의 실마리를 찾았다. 논리적이기보다는 감성적이며 집단의 이익에 익숙한 한국의 노동운동 역시 원칙적인 접근에 대한 지도자의 믿음과 이에 따른 주무부처의 행동이 없다면 앞으로도 계속해서 더 많은 시간과 비용을 지불해야만 한다.

이런 노력들은 사용자의 이익 보호 차원이 아니라 사회전체의 이익을 높이는 개선조치이므로 노동운동이 가져오는 비용에 대해서도 국민들에게 적절한 정보를 제공해야 할 것이다.

균형이 필요한 노사관계

20세기는 강력한 노동조합운동이 세계 곳곳에서 일어난 시기였다. 미국의 자동차 노조가 가져온 빅3의 경쟁력 하락 실상과, 오랫동안 노동조합이 주도하는 무소불위의 권력에 의해 영국이 어떻게 휘둘렸는지 등의 사례를 적극적으로 발굴해 알려야 한다. 과거뿐만 아니라 미래에 대한 준비와 환경 변화에 따른 대처방안 등에 대해 세계 각국이 어떻게 준비하고 있는지 등의 사례를 소개함으로써, 국민들에게 글로벌 차원에서의 합리적인 제도 도입의 정당성을 알리고 체계적으로 추진해야 한다.

대부분의 사람들은 사회적 약자를 보호하는 시각으로 노동운동에 대해 비교적 우호적인 입장을 취한다. 그러나 사실상 노동조합은 시장경제에서 독점적 지위를 누리는 다른 기구와 마찬가지로 자신의 지위를 위협하는 작은 변화에도 저항하고 현상을 유지하려 한다. 이런 점에서 볼 때 노동조합이라고 해서 특별히 약자로 분류할 필요는 없다. 과거처럼 자본가의 힘이 월등한 상태에서는 노동조합의 존립 이유가 명확하지만 이제는 시장경제의 활성화로 인해 과거 노동조합단체가 가졌던 역할 중 많은 부분이 이미 사라졌다. 노동자들을 보호하기 위한 많은 요구들이 법적으로 뒷받침된 지 이미 오래되었기 때문이다.

현재와 같은 노동환경이 지속된다면 한국의 사업환경은 날로 악화될 것이다. 특히 대기업의 협력업체인 다수의 중소기업은 그 심각성이 더하다. 대기업 노조의 빈번한 파업과 이를 상쇄하기 위한 대기업의 무리한 납품단가 인하 요구 등으로 중소기업은 재투자 여력의 고갈과 경영 악화라는 악순환을 반복하게 된다. 따라서 대기업의 노사관계를 정상화시키는 일은 한국경제 활성화에 결정적인 요소이며, 경제 정의라는 차원에서도 반드시 해결되어야 할 과제다. 중소기업과 중소기업 노동자들이 언제까지나 대기업 노조의 부당한 렌트 추구(rent-seeking)의 대상 혹은 경제적 약탈의 대상이 될 수는 없기 때문이다.

앞에서도 여러 번 강조했듯이 환경이 바뀌고 특정 단체의 임무가 사라져도 그런 단체를 없애는 일은 좀처럼 여의치가 않다. 앞으로 역사적 사명을 다한 노동조합이 어떤 식으로 자신의 역할을 조정해나갈지 두고 볼 일이다.

규제를 원점에서 재검토하자

11

성역 없는 규제개혁

누가 자신의 권리를 자진해서 포기할 수 있을까? 특히 자신의 존립 기반이 되는 권리라면 더더욱 양보가 쉽지 않다. 때문에 역대 정부가 등장할 때마다 규제완화 내지 규제개혁에 대한 관심도 높고 노력도 하지만 별다른 효과를 거두지는 못한다.

우선 규제개혁을 추진하는 주체가 공무원일 경우 그에 따른 효과는 전무하다고 볼 수 있다. 규제개혁의 바람이 불면 잠시 이를 피하는 자세를 취하다가 시간이 지나 서서히 잠잠해지면 규제는 다시 되살아난다. 2004년 민관합동으로 출범한 '규제개혁기획단'은 수요자 입장에서의 근본적인 규제개혁을 약속했다. 하지만 오늘날에 와서도 초기의 목적은 온 데 간 데 없고 노동규제, 경제력집중억제규제, 수도권규제

등의 덩어리규제는 완화될 조짐이 보이지 않는다.

다양한 분야의 전문가들이 주도하는 규제개혁 방안도 생각해 볼 일이다. 학계에는 오랫동안 규제개혁 분야에 대해 연구해 온 전문가들이 다수 포진해 있다. 물론 이들이 규제개혁을 주도했을 때 전혀 문제가 발생하지 않는 것은 아니다. 이를테면 현장에 대한 정확한 정보 감각이 떨어지기 때문에 거기에서 빚어지는 실수나 실책이 있을 수 있다. 그렇더라도 관료가 주도하는 규제개혁보다는 훨씬 나은 효과를 거둘 수 있다. 한 분야에 이미 고착화된 사람들에게서는 신선한 발상의 전환을 기대하기 어렵다. 그럴 바에는 아예 새로운 시각으로 접근할 수 있는 민간인을 한시적으로 동원해 원점에서부터 규제를 검토해 철폐하는 작업이 이루어지는 것이 훨씬 바람직하다.

그리고 겉핥기식이 아닌 전략규제 즉, 핵심규제에 대한 개혁이 필요하다. 절차나 형식적인 문제를 개선하는 일은 별 의미가 없다. 누구나 인지하고 있듯이 결코 손을 댈 수 없는 핵심규제를 해결하기 위해서는 정면으로 도전해야 한다. 이때 오래 시간을 끌면 실패 확률이 높아진다. 힘이 소진된 상태에서의 규제개혁은 추진력이 떨어지기 때문이다. 집권 초기, 즉 의욕적인 힘과 에너지가 넘칠 때 이해당사자들의 저항이나 반대를 무릅쓰고 여론의 도움을 받아 해결해야 하는 것이 바로 규제개혁이다.

하나의 프로젝트를 추진할 때 동시다발적으로 일을 진행하기는 힘들다. 힘과 관심이 분산되기 때문이다. 이를테면 높은 성장이라는 목표를 설정했다면 이어 실행할 일은 그 목표 달성을 위해 무엇을 개선해야 할 것인가 등이다. 과제 선정은 당연히 핵심과제와 일반과제로 분류할 수 있다. 핵심과제일수록 파급효과가 커서 규제 당국이 내놓기 어렵다. 그리고 이런 규제일수록 이런 저런 명분으로 보호되기 일쑤다.

그렇기 때문에 성역 없는 접근을 시도해야 한다. 많은 핵심규제는 나름의 논리와 신화를 갖고 있어서 마치 손이라도 대면 큰일 날 것 같은 분위기다. 그렇다 보니 고정관념이나 선입견을 갖고 접근하면 개선할 수 있는 부분이 아무 것도 없다. 항상 새로운 시각으로 원점에서 접근하면 얼마든지 해결책을 찾을 수 있다. 위에서 언급한 노동, 경제력 집중, 수도권 등과 관련된 규제들이야말로 성역화된 규제의 대표 격이라 할 수 있다.

그동안 규제일몰제 등과 같은 좋은 제도들이 이미 논란 끝에 도입된 경우도 있다. '행정규제기본법'은 제8조 1항에서 '중앙행정기관의 장은 규제를 신설 또는 강화하고자 할 때에 계속하여 존속시켜야 할 명백한 사유가 없는 규제에 대하여는 존속기한을 설정하여 당해 법령 등에 명시하여야 한다'고 규정한다. 다시 말해 존속에 대한 명백한 사유가 없는 모든 규제는 '일몰조항(sunset clause)'의 대상이 된다. 그러나 대한상공회의소가 발표한 '규제일몰제 시행평가와 개선방향'에 보면 1998년 신설된 규제 2549개 가운데서 존속기한이 정해진 규제는 48건에 불과하다. 이 가운데서도 2006년 이후 새로 만들어진 149건의 규제 가운데서 존속기한(일몰기한)이 정해진 규제는 단 한 건도 없다.

규제를 행하는 사람들은 어떤 명분을 붙여서든 한번 만들어진 규제를 계속 끌어가려는 의도를 갖고 있어서 그 어떤 규제당국도 한번 얻은 권리를 좀처럼 내놓으려 하지 않는다. IMF 외환위기를 수습하는 과정에서 공정거래위원회는 준 수사권에 해당하는 '금융거래정보요구권(계좌추적권)'을 요구했다. 이것 때문에 당시에 기업 측과 첨예한 논란이 있었다. 기업은 공정거래위원회가 한번 그런 권리를 갖게 되면 계속해서 자신들을 휘두를 거라고 판단했기 때문이다. 그때 공정거래위원회는 경제위기의 극복을 위해 '한시적'이란 단서를 붙여 우여곡절 끝에 도입했으나 벌써 세 번씩이나 기간을 연장하면서 끌어가고 있는 실정이다. 어떤 명분에 의해서든지 신규규제 신설을 엄격히 통제해야 하고 불요불급한 경우 규제를 신설하더라도 마감시간을 분명히 한다면 그 폐해를 조금이라도 줄일 수 있을 것이다.

그러나 중앙부처에서 규제개혁이 성사되더라도 지방자치단체의 관련법규, 하위규제 폐지에 이르는 데는 너무 오랜 시간이 소요된다. 그렇기 때문에 규제 문제에 접근할 때 가능한 시간을 줄일 수 있도록 하고 이를 관리조정하는 업무가 함께 시행되어야 한다. 행정업무 처리에서 시행하는 '원스톱 서비스'와 같은 개념을 규제개혁에서도 실시할 필요가 있다.

규제개혁을 추진할 때 역시 국민들이 이를 통해 얻을 수 있는 혜택을 적극적으로 알릴 필요가 있다. 국민적 지지를 얻은 상태에서 규제개혁을 시도할 때만이 규제로 이익을 보는 사람들의 저항을 넘어설 수 있기 때문이다. 또한 집권층의 확고한 신념이 중요하다. 공적 조직의 협조를 얻고 싶은 정치인들에게 규제는 달갑지 않은 주제겠지만, 한 국가경제의 중장기적인 역동성의 회복이란 그냥 저절로 만들어지는 것이 아니니 의당 적극성을 띠어야 할 것이다.

북한정책의 기조를 다시 세우자

감상적 대북정책을 버려라

대북정책의 기조는 도덕적 기초를 확실히 하는 일이다. 이는 북한의 당국자들을 돕는 것인가 북한 주민을 돕는 것인가를 명확하게 구분하는 것에서부터 출발한다. 북한 당국자들을 돕는 일에 우리의 세금이 투입되는 것을 국민들은 더 이상 바라지 않을 것이다. 이는 실용성의 문제를 넘어 오히려 죄악에 가깝다. 묵시적으로 북한 주민들의 고통을 연장시키는 일이기 때문이다.

그리고 모든 대북지원정책은 투명하게 추진되어야 한다. 어떤 경우도 밀실 거래가 있어서는 안 되며 모든 협의 내용은 국민들에게 공개되어야 한다. 김대중 정권 때 북한에 바쳤던 현금은 결국 지도자 개인의 목적 달성을 위해 사용된 국민의 세금이었다. 그런 행위에 대해 통치권

216

의 행사라는 명분으로 면죄부를 줄 수는 없다. 때문에 관련정보 공개만이 앞으로 발생할 수 있는 유사한 사건을 막을 수 있는 방법이다. 북한과 대한민국 사이에 이루어지는 모든 접촉은 공개를 원칙으로 하고 이를 북한 당국에도 납득시켜서, 자유민주주의 사회와 1인 왕조 사회와의 차이를 분명하게 짚고 넘어가야 한다.

몇 해 전 필자가 출간한 『10년 후, 한국』이란 책의 내용에 '흡수 통일'이란 용어가 있다. 이를 본 386세대 후배 언론인이 목소리를 높였다. 그는 "두 체제가 장점과 단점을 서로 주고받아 더 좋은 체제로 수렴시켜 나가야 한다"는 주장이었다. 필자는 그에게, 그렇다면 북한 체제의 장점이 무엇이며 장점이 있다면 왜, 저 모양이 되었는지 한번 말해줄 수 있겠느냐고 물었다. 그러자 "선배님, 그래도 인간적이지 않습니까!"라는 그의 대답에 필자는 그만 대경실색하고 말았다.

국민의 의식주조차 해결하지 못하는 체제는 적자생존의 원칙에 따라 폐지되어야 마땅하다. 환경 변화에 적응하지 못하는 것은 그것이 지식이건 정보건 아니면 체제건 제도건 간에 발전 가능성이 없는 것으로 간주해 곧 폐지해야 한다.

흡수 통일이라는 단어가 상대방을 자극할 우려가 있다면, 다른 용어로 대체할 수도 있다. 그러나 통일의 지향점은 분명 자유민주주의와 자유시장경제 체제하에서 이루어져야 한다. 통일은 한국뿐만 아니라 북한 주민들의 삶까지도 보장해야 하기 때문이다. 그러나 우리 사회에서는 아직도 적당히 체제를 수렴한 통일을 주장하는 사람들이 있다. 『전환시대의 논리』의 저자인 리영희 씨는 '사회주의의 실패를 보는 한 지식인의 고민과 갈등' 이라는 글에서 이렇게 말하고 있다.

> "남한은 사회주의를 수용하고 북한은 시장경제를 수용하여 사회의 기본적 성격을 수정해야 할 것이다. 그 노력을 거부하는 한 진정한 평화적 통일은 생각할 수 없다. 현재대로의 남한에 의한 북한 통합이 북한 주민에게 불행일 만큼, 현재대로의 북한에 의한 남한 통합도 남한 주민에게 불행이다."
>
> – 리영희, 『새는 '좌·우' 날개로 난다』, p.169.

1991년에 쓴 글이다 보니 지금은 그 주장이 바뀌었을지도 모르겠지만, 필자가 두려워하는 점은 바로 이런 생각들이 소리 없이 확산되어 이른바 연방제라는 이름으로 자유민주주의와 자유시장경제 체제의 변형을 시도하는 세력들이 늘어나고 있다는 것이다. 사상적 기반이 취약한 대한민국에서 이러한 가능성을 배제할 수는 없다.

시장경제 원칙 통일 한국

흡수 통일이 되어 자유시장경제와 자유민주주의 체제를 중심으로 자유주의 원리가 구현된 통일 한국으로 나아가야 한다. 시간은 우리 편이니 결코 서두를 필요는 없다. 목적지를 확고히 정한 다음 북한 주민에 대해

한국, 10년의 선택

인도적인 도움의 손길을 내미는 한편 전략적인 접근을 시도해야 한다. 그러므로 북한의 개방을 돕고 북한 주민 개개인에게 자유사회의 실상을 전하는 일은 반드시 동시에 추진해야 한다. 이런 면에서 볼 때 전방 지역에 설치되어 있던 선전용 기구 철수조치는 큰 실책이 아닌가 한다.

전체주의 체제와의 접속시 양보할 수 있는 선과 이를 시정할 수 있는 힘을 갖추지 못하면 상대는 지속적으로 무리한 요구를 해올 것이다. 감사할 줄 모르는 사람이나 집단은 늘 더 많은 것을 요구하며 이를 당연하게 여기기 때문이다. 그러나 모든 지원에는 조건이 있어야 한다. 북한이 보유한 대남군사위협장치 완화를 요구하고, 핵무기의 폐기를 비롯해 휴전선에 밀집되어 있는 북한의 장사정포와 미사일 그리고 언제라도 한국의 서울을 기습 공격할 수 있는 특수부대, 북한이 보유한 세계 수준의 화학무기 등을 납득할 만한 수준으로 양보할 수 있을 때 경협 등의 다양한 지원정책이 뒤따라야 한다.

이에 대해서는 정치권력을 쥔 사람들의 보다 현명한 대처방안이 요구되며 국민 역시 낭만적이고 감상적인 대북정책이 아니라 도덕적 기반을 확고히 하는 정책에 표를 던져야 할 것이다. 예를 들어 세금으로 북한 관광을 지원하는 일에 대해 여러분은 어떤 생각을 갖고 있는가. 관광이니까 무조건 즐기고 보자는 식이 아니라 이러한 문제에 대해 한번쯤은 깊이 숙고해 볼 일이다. 북한 당국을 돕는 일인지, 주민을 돕는 일인지가 명확하지 않은 정책에 대해서는 반드시 이의를 제기해야 하며, 이를 정치적으로 악용하는 사례에 대해서도 완강하게 저지해야 할 것이다.

어쩌면 청원활동 등을 통해 대북 문제와 관련한 행정부의 재량권을 축소하고 정보 공개에 좀더 적극적인 자세로 임해야 할지도 모른다.

북한 문제는 지도자와 집권층의 가치관이 결정적으로 작용하는 사안이니만큼 올바른 대북관을 가진 지도자를 뽑는 일이 문제 해결의 첫걸음이며, 그 첫걸음은 곧 국민의 올바른 선택에서 비롯된다.

수도권정책을 전면 재검토하자

13

불가피한 성장통

좀처럼 바뀔 기미가 보이지 않는 규제 중 하나는 인구와 산업의 수도권 집중을 막기 위한 '수도권집중억제정책(수도권정책)'이다. 이는 철두철미하게 성역화된 규제다. 조금이라도 완화할 기미를 보이면 환경보호와 지역균형개발 그리고 특혜제공 등과 같은 논리를 잣대로 각종 단체들이 들고 일어난다. 수도권정책에 대한 잘못된 선입견이야말로 역동적인 성장을 방해하는 가장 큰 요인 가운데 하나라는 사실을 정말 모르는 것일까 하는 생각이 든다. 일자리 창출과 한국의 지속적인 성장을 목표로 한다면 이 문제의 해법을 제시할 수 있어야 한다.

국가 경쟁력이라는 말을 흔하게 사용하면서도 실제 경쟁은 기업에만 적용된다. 그들은 경쟁에 필요한 모든 요소를 감안해 최적의 장소를 필요로 하는데, 대부분의 경우 수도권이나 인근 지역이다. 이런 투자를 막게 되면 기업은 지방으로 가야한다는 말이다. 그렇지만 수도권이 제공하는 다양한 편익을 놔두고 일자리를 찾아 지방까지 내려가는 사람들이 과연 얼마나 되겠는가.

수도권을 중심으로 정보와 인력이 밀집되어 있는 현실에서 지방으로 공장을 이전하는 기업은 극소수에 불과하다. 대부분의 기업은 투자를 포기하거나 해외로 이전하는 쪽을 선택한다. 개방이 가속화될수록 그리고 자본을 유치하기 위해 국가 간 경쟁이 치열해질수록 이와 같은 상황은 더 빈번해질 것이다. 수도권정책 때문에 수도권을 떠난 대부분의 기업들은 충청도나 경기도 인근 지역에 배치된다. 지역민으로서는 환영할 만한 일이지만 기업의 입장에서는 물류비용의 증가와 인력유치 때문에 경쟁력 하락을 감내하는 고통이 수반된다.

부당한 정책은 그릇된 생각에서 비롯된다. 수도권을 억제하기 위한 정책의 근거는 이론적으로나 경험적으로 올바르지 않다. 이는 지극히 본능에 기초한 주장이라고밖에 생각되지 않는다. 수도권정책을 고집하는 사람들은 세상을 제로섬으로 본다. 수도권을 향한 집중이 지방경제를 어렵게 한다거나 수도권이 마치 스펀지처럼 지방으로부터 인구와 산업을 빨아들인다고 생각하지만, 현대도시경제학의 대부인 에드윈 밀스 교수는 "인구의 대도시 집중현상은 급속한 경제성장의 불가피한 부분이며, 어쩌면 성장의 전제조건일 수도 있다"고 주장한다. 이에 대해 자유기업원의 김정호 박사는 이런 설명을 덧붙인다.

"경제성장이 가능하려면 생산성이 높아져야 하고 거래가 쉬워야 한다. 그런데 후진국일수록 사람들끼리 직접 얼굴을 봐야만 거래가 성사될 가능성이 높다. 그러기 위해서는 가까운 거리에 모여 살아야 한다. 그렇지 않으면 성장도 어렵다. 홍콩과 싱가포르는 처음부터 모든 국민이 한곳에 모여 있었고, 도시 국가가 아닌 곳에서는 제각기 수도로 모여들었다. 서울뿐만 아니라 일본의 도쿄, 태국의 방콕, 중국의 상하이와 베이징, 멕시코의 멕시코시티가 모두 집중현상을 보이고 있다. 도시경제학자들이 인구의 수도권 집중을 불가피한 성장통이라고 부르는 것은 그 때문이다."

– 김정호, 『왜 우리는 비싼 땅에서 비좁게 살까』, 삼성경제연구소, 2005, p.66.

수도권정책을 고집하는 사람들은 환경오염, 교통문제 그리고 주택문제 등과 같이 사람들이 많이 모이기 때문에 발생하는 혼잡비용을 그 이유로 든다.

혼잡비용 문제를 해결할 수 있는 유력한 대안 가운데 하나가 사용할 수 있는 토지의 절대량을 증가시키는 것이다. 수도권의 성장을 억제하기보다는 가용택지나 공장용지의 공급을 증가시킴으로써 과밀을 해소할 수 있다. 물론 대규모 공장의 신설로 인한 환경오염을 걱정하는 사람들도 있지만, 사회적 평판을 의식하기 때문에 대기업의 경우 오히려 환경 문제를 철저하게 관리한다.

수십 년 전의 엄격한 용도규제에 따라 꽁꽁 묶어두었던 토지에 대해서는 전향적인 조치가 필요한 시점이다. 서울과 수도권 일원에서는 아파트촌이나 길가 바로 옆으로 각종 규제에 꽁꽁 묶여 있는 토지를 발견할 수 있다. 이런 규제를 통해 과연 우리 사회가 얻을 수 있는 것은 무엇인지 궁금하다. 용도규제를 푸는 일은 어떤 면에서 특혜일 수도 있지만 2차, 3차 효과로 인해 사회 전체가 누릴 수 있는 혜택을 생각하면 그 수치는 측정이 불가능할 정도다. 다시 말해 수도권정책에 대한 선입견을 거두고 이용 가능한 땅의 공급을 늘리면 된다.

수도권집중억제정책은 수도권정비계획법과 산업집적활성화 및 공장설립에 관한 법률로 구성된다. 이들 정책은 수도권을 과밀억제권역, 성장관리권역, 자연보전권역으로 나눈 후 각각의 지역별로 인구집중유발시설 및 대규모 토지개발을 엄격히 규제하고 있다. 과밀억제권역은 서울과 인천 지역, 자연보전권역은 팔당 상수원을 중심으로 하는 경기도 동부 지역, 성장관리권역은 나머지 지역을 말한다. 규제의 주요 내용은 대학 및 대규모 공장, 공공 청사의 신설 및 증설에 대한 제한, 택지 관광지 산업단지개발 등 대규모 토지개발 사업에 대한 제한이다. 수도권집중억제정책의 핵심은 수도권의 토지개발 행위에 대한 광범위한 제한을 포함한다.

그러면 서울이나 수도권 지역의 이용 가능한 땅을 늘릴 여지가 있는가라는 질문을 던질 수 있다. 이 부분에 대해 김정호 박사는 다음과 같이 답한다.

한국, 10년의 선택

"수도권에 그럴 만한 땅이 있나? 물론이다. 아마도 지금보다 열 배는 더 늘릴 수 있을 것이다. 수도권에서 사용 가능한 땅을 늘리는 데에 가장 큰 장애물은 바로 수도권 규제이다. 수도권에서 택지개발을 하기도 어렵고, 공장을 새로 짓거나 기존 공장을 확장하기도 어렵게 되어 있다. 수도권 동부는 자연보전권역이라 해서 아예 손을 못 대게 해놓았다. 그렇다 보니 서울 사람들이 땅을 쓸 수 없다. (······) 그러면 도시 용도의 땅을 어느 정도나 늘려야 할까. 어림잡아도 지금의 세 배 정도로 넓히는 것이 좋겠다. 지금 우리가 전 국토의 5%인 15억 평 정도를 쓰고 있으니 그것을 45억 평 정도로 넓히자는 것이다. 그렇게 되면 집값과 땅값은 지금의 절반 이하로 떨어지게 될 것이다. (······) 30억 평의 추가적인 도시 용지라면 용지를 공급하는 입장에서는 어마어마한 규모다. 서울 같은 도시를 20개나 더 만들 수 있는 것이다. 분당 신도시 같은 규모로 따지면 500개를 더 만들 수 있다. 그러나 전체 농지나 임야의 차원에서 본다면 별 것 아니다. 현재 농지와 임야의 면적을 합쳐서 260억 평이나 그중의 10% 남짓을 전용하면 되는 것이다. 농지나 임야 10% 남짓을 포기하는 대신 집과 학교, 공원을 만들 수 있는 토지를 넘치도록 얻을 수 있다면 수지맞는 장사가 아닌가."

– 김정호, 『왜 우리는 비싼 땅에서 비좁게 살까』, 삼성경제연구소, 2005, pp.21, 54, 55, 68.

발상의 전환을 통해 이용가능한 땅은 얼마든지 만들 수 있다. 이는 혼잡비용의 해소, 고성장 그리고 주택가격 하락 등의 연쇄적인 파급효과를 낳는다. 수도권의 성장발전과 지방의 성장발전을 함께 이룰 수 없는 것으로 판단해서는 안 된다. 이러한 생각은 좁은 땅에서 비싼 비용을 지불하며 살게 만들 뿐만 아니라 고성장의 기회마저 빼앗는다.

또 하나의 잘못된 편견은 인구의 몇 퍼센트, 기업의 몇 퍼센트가 수도권에 집중되어 있기 때문에 형평이란 차원에서도 수도권은 억제되어야 한다는 주장이다. 수도권에는 무려 2천만 명이나 되는 사람들이 모여살기 때문에 당연히 절대액이나 비중이 클 수밖에 없다. 1인당 총생산이나 1인당 소비수준을 기준으로 보면 서울이나 수도권 사이에는 거의 격차가 없다. 때문에 지역 간 형평이라는 문제는 수도권 정책을 고집하는 데에 올바른 주장이 될 수 없다.

근본부터 재검토하자

서울에서 조금 벗어난 지역은 저밀도 개발이 확연하게 드러난다. 고밀도 개발에 대한 논의가 나오면 또 다른 과밀을 유발한다는 비판과 동시에 특혜 시비 또한 줄지 않는다. 그러나 고밀도 개발은 땅의 효율적인 활용을 말한다. 가능하면 도심지는 고밀도 개발을 통해 땅의 단위당 생산성을 올릴 수 있어야 한다.

그렇다면 현재 택지공급 부족 때문에 어려움을 겪고 있는 강남의 경우는 고밀도 개발로 단위당 생산성을 확실히 올릴 수 있어야 한다. 택지공급을 증가시키면서 동시에 건축 밀도 규제도 과감하게 풀어야 한다. 현재 도시계획법과 건축법은 지역마다 용적률(모든 층의 바닥 면적 합계를 토지 면적으로 나눈 값)과 건폐율(전체 토지 면적에 대한 1층 바닥 면적의 비율)이 일정 비율을 넘지 못하게 규제하고 있다. 60~70층짜리 건축물이 들어설 수 있는 곳에 5~10층 건물이 들어서 있는 실정이다. 서울 시내만 하더라도 지나치게 저밀도 개발 상태라서 부족한 땅이라는 한정된 자원을 낭비하는 효과가 있다. 이때 자연히 등장하는 논리는 도시기반 시설의 부족이다. 하지만 역발상으로 상하수도와 같은 도시기반 시설을 더 확충하면 될 일이다.

재건축에 대한 부분도 마찬가지다. 오래 전 저밀도 개발지역이었던 곳이라도 일정 자격이 갖춰지면 고밀도 개발을 허용해 그만큼의 가용 토지 면적을 늘리면 된다.

겹겹이 둘러싸인 규제로 재건축 허락이 마치 특혜인 것처럼 비춰지는 상황이 계속되고 있다. '수도권에 대한 억제는 계속되어야 한다'는 주장과 정책은 근본부터 다시 검토해야 할 문제다. 무조건 안 되는 쪽으로만 생각할 것이 아니라 가능한 되는 방향으로 생각하는 사고의 전환이 필요하다.

교육을 자유롭게 하자

평준화정책의 낙후성

한국의 교육은 정책의 노선이나 철학적인 면에서의 혁명적인 변화가 필요하다. 교육부가 모든 권한을 틀어쥔 상태에서 진행되는 일률적인 평준화정책은 한국 교육의 낙후성을 지속시킬 수밖에 없다. 다른 산업 분야를 보더라도 정부의 계획과 통제에 따라 움직이는 경우는 커다란 성장을 거둘 수 없다. 교육도 마찬가지다. 때문에 필자는 한국의 교육을 교육부가 주도하는 '사회주의화된 교육'이라는 수식을 붙이는 데 주저하지 않는다.

오늘날 한국 교육의 현주소는 참담한 수준에까지 이르러 교육 소비자 입장에서 만족도는 거의 제로수준이다. 그런 결과로 해외로 유학을 떠나는 연령대는 날로 낮아지고 그 숫자는 급속히 늘고 있으며 사교육

한국, 10년의 선택

에 대한 의존도도 더할 나위 없이 높아졌다.

때문에 우선 필요한 시급한 해결책은 현재의 교육을 평준화와 통제의 틀에서 벗어나게 만들어 차별화와 자율로 전환시키는 것이다. 기본적인 교육수요는 공교육을 통해 제공하지만, 고급 교육수요에 대해서는 비용과 새로운 교육기관의 설립과 운영의 차별화를 적극적으로 인정해야 한다. 그래야 사회에서 다양한 실험이 일어날 수 있다. 이런 실험들은 주로 교육수요자들의 필요와 욕구를 가장 잘 반영하는 쪽으로 수용된다.

이에 당연히 제기될 수밖에 없는 물음은 교육 기회의 상대적 격차 확대라는 부분이다. 이 자체를 부인할 수는 없다. 예를 들어 특정 학교가 특별한 서비스를 제공하고 이에 따른 비용을 반영한다면, 수익금의 일정 부분을 장학금으로 내놓아야 한다. 그리고 장학금의 수혜 대상은 경제적 형편이나 지역별 안배처럼 상대적 기회 축소라는 기준을 가지고 정해서 지급하면 된다. 고급 교육수요에 대한 욕구 충족과 동시에 상대적 격차를 해소함으로써 두 가지를 만족시킬 수 있는 정책이라고 할 수 있겠다.

이와 같은 정책은 당연히 교육부라는 중앙정책부서의 권한을 대폭 축소하는 것과 궤를 같이 해야 한다. 현재의 조직과 예산을 유지하면서 정책의 변화를 꾀하는 일은 모순이다. 당연히 예산과 돈을 가진 조직이라면 이에 부합하는 권한행사를 원하기 때문이다. 권한의 축소와 맞물려 조직의 통폐합과 기타 부처로의 인력이동 등을 통해 권한과 조직 그리고 인력을 대폭 줄여나가는 노력이 함께 따라야 한다.

일부에서는 아예 교육부 자체를 폐지하자는 주장도 나오고 있다. 교육부는 대학을 통제하는 다양한 수단들, 이를테면 2007년만 하더라도 1조 5천억 원에 달하는 연구예산에 대한 배정권, 행정과 대학운영 전반에 관한 감사권, 입학정원 조절 및 학과 존폐 및 신설학과 설치에 대한 허가권을 갖고 있으며 때로는 사립대학의 소유구조도 바꿀 수 있는 막강한 힘을 갖는다. 인천대의 조전혁 교수는 교육부가 갖고 있는 대학관에 대해, '대학의 적립금을 쌓아놓지 말라. 시험부정행위 근절대책을 강구해 적극 이행하라', 'FTA 관련자료를 도서관 입구 등에 비치해 학생들이 자연스럽게 접하게 하라' 등과 같은 요구를 대학에 예사로 할 정도에 이르렀다고 비판한다.

경영적 관점에서 접근하라

한국 교육의 비극은 정부의 독점에 있다. 국가가 모든 대학의 학생 선발권을 통제하는 것이 한국 교육 문제의 진원지라 할 수 있다. 대학 스스로 자신들의 기준에 따라 학생을 뽑을 수 있다면 정말 다양한 실험이 현장에서 실시될 수 있다. 같은 맥락에서 교육과정 결정에 있어서도 교육부는 손을 떼야 한다. 국사나 국어 등과 같은 반드시 필요한 과목을 제외한 나머지 부분은 스스로 선택할 수 있는 권한을 허용해야 한다.

사립학교에 대한 개입, 예를 들어 학교의 기관장을 선정하는 작업 등

역시 최소한의 규제 이외에는 대폭적인 재량권을 허용해야 한다. 최근에 자립형 사립고의 교장선출 과정에서도 관련단체의 요구를 받아들여 엄격한 자격조건을 제시해 기업인 출신의 교장선출이 사실상 무너지는 상황을 보았다. 학교운영 역시 경영이라는 차원에서 생각하면 풍부한 경험을 가진 그 분야의 실무자에게 학교장의 문호를 개방함으로써 교육의 새로운 장을 여는 것도 나쁘지 않은 선택일텐데 말이다. 하지만 성공사례가 속속 생기게 된다면 다른 학교들 또한 선례를 발판 삼아 기업인 출신 학교장 영입에 과감히 도전할 것이다.

그럴 경우 사학의 비리와 같은 문제는 어떻게 하느냐고 반문할 수도 있다. 대안은 간단명료하다. 경쟁효과를 극대화할 수 있는 방법은 교육서비스에 대한 각종 정보를 낱낱이 공개하는 일이다. 이를 통해 우선 거둘 수 있는 효과는 학교 간 경쟁의 촉진이다. 동시에 교육 서비스 수요자에게 선택에 필요한 관련정보를 공급함으로써 현명한 선택을 돕는다. 예를 들어 대학의 취업률 등은 정확하게 공개되어야 한다. 마치 '컨슈머(소비자) 리포트' 처럼 대학뿐만 아니라 고등학교나 중학교 그리고 초등학교에 이르기까지 관련정보가 공개되면, 물론 서열화를 싫어하는 사람들은 이런 조치를 비난하겠지만, 경쟁력을 측정해 이를 서열화하는 것만큼 교육의 질을 향상시키는데 도움이 되는 것도 드물다. 민간업체가 이를 상품화할 수도 있고 그렇지 않으면 기존 교육부의 연구기관을 중심으로 수행할 수도 있다.

학교 간의 격차에 대한 정보를 교육부가 움켜쥐고 학부모나 학생들에게 공개하지 않는 행위는 있을 수 없다. 정보를 공개하면 할수록 경쟁의 효과는 더욱더 증폭된다. 정보공개와 아울러 공립을 제외한 학교의 가격 자율화도 필수적이다.

유럽에 비해 미국은 우수한 교육제도를 갖고 있다. 그 성공의 비결을 들여다보면 거기에는 기업 세계와 같은 원리가 작동한다. 영국의 시사 경제전문지 〈이코노미스트〉는 2005년 9월 10일자에 '두뇌산업'이란 대형 특집을 다루고 있다. 상대적으로 미국의 제도가 성공한 이유에 대해 이렇게 말한다.

"고등교육에 대한 미국 시스템은 세계에서 최고다. 그것은 아무런 시스템이 없기 때문이다. 미국 고등교육의 성공을 가져온 첫 번째 원칙은 중앙정부가 제한된 역할을 담당했기 때문이다. 미국은 대학을 위한 중앙 집중적인 계획을 갖고 있지 않다. 미국은 프랑스나 독일처럼 대학의 구성원들을 공무원으로 간주하지 않는다. 두 번째 원칙은 경쟁이다. 대학은 학생이나 교수 유치 그리고 스포츠 스타의 유치에 이르기까지 모든 면에서 치열하게 경쟁한다. (……) 세 번째 원칙은 실용성을 들 수 있다. 미국 대학은 학계와 산업계 사이의 관계를 개척해 왔다. 미국 대학들은 일 년에 로열티와 라이센스 비용으로 10억 달러 이상을 벌어들이고 있다."

— 'Secret of Success', 〈Economist〉, 2005. 9. 10. pp.6-7.

정부의 굴레로부터 우리 교육을 자유롭게 하는 것은 너무도 당연한 개

한국, 10년의 선택

선점이다. 그렇다고 이 방법을 통해 모든 교육 문제가 해결되는 것은 아니다. 다양한 실험들은 교육 문제에 대한 다양한 해법을 내놓게 될 것이다. 통제와 지시 그리고 명령과 획일화가 더 이상 한국 교육의 해법이 아님을 국가가 우선적으로 인정하는 데서부터 한국 교육은 희망을 찾을 수 있다.

통제와 지식과 획일화의 질곡으로부터 한국 교육을 구할 수 있는 자는 누구인가? 거대한 이해당사자들의 믿음과 철학을 상대로 한 전쟁에서 승리할 수 있는 자일 것이다.

영어 공용화를 위한
기초를 다지자

영어 공용화 원년

제도의 변화는 늘 거북이걸음이다. 하지만 세상의 변화를 주의 깊게 바라보며 자식의 미래를 준비하기 위해 고심하는 학부모들은 토끼처럼 뛰는 것으로도 부족하다. 그들 가운데 세상의 변화를 미리 감지한 부모들은 자식들에게 이미 자연스러운 영어구사력을 갖출 기회를 제공하고 있다. 이에 더해 중국어나 스페인어 그리고 일본어 등의 중요성까지도 일찍부터 받아들도록 하고 있다. 이들의 소망은 국가정책이 시대의 변화를 빨리 파악해 함께 발맞춰 가는 것이지만, 제도의 변화는 저 먼 곳에 뒤떨어져 꼼짝도 하지 않는다. 하지만 아이들의 배움에는 때가 있는 법이니 마냥 기다릴 수도 없다. 그렇다 보니 개인적으로라도 뛰어 돌파구를 찾는 것이다.

그러나 사회적으로 영어를 공용화하자는 주장은 아직 용기를 필요로 한다. 이는 모국어와 함께 영어를 사회의 표준언어로 삼아야 한다는 뜻으로, 이에 필요한 모든 조치가 취해져야 하기 때문이다. 이러한 결정은 국가 차원에서뿐만 아니라 개인 차원에서도 혁명 그 이상이다. 게다가 시간적 소요도 만만치 않으며, 그 혜택은 다음 세대에 가서나 누리게 될 것이다. 물론 개인적 판단과는 달리 다양한 사람들로 구성된 사회에서 영어를 모국어와 병행해 표준언어로 삼자는 주장에 격렬하게 반대하는 것은 당연하다. 그래서 필요성을 깨달으면서도 어떤 정치인도 선뜻 이런 결정을 내리지 못하는 것이다.

그러나 우리의 다음 세대가 당당하고 성공적인 삶을 살기를 원한다면 영어 공용화는 선택이 아니라 필수에 가깝다. 이런 명백한 사실에도 불구하고 현세대가 감정적으로나 실용적으로나 이를 받아들이기란 쉽지 않다. 특히 민족주의적 색채가 강한 나라일수록 모국어는 곧 정체성을 뜻하기 때문에 영어를 모국어의 반열에 올려놓는 자체를 허용하지 않는다. 그러나 드러내놓고 말하지 않아도 이미 그런 결정을 내리는 사람들이 서서히 늘고 있다. 전면적인 영어 공용화 정책이 당장은 불가능하다고 하더라도, 오랜 기간을 거쳐 가장 기초적인 것부터 차근차근 준비하면 그리 불가능한 이야기만은 아닐지도 모른다.

이는 경제적인 이유로 아이들에게 출발선에서부터 격차를 떠안게 하지 않기 위해 필요한 조치이기도 하다. 이미 아이들을 지원할 충분한 경제력을 갖고 있거나 영어권 교육에 노출시킬 수 있는 사람들에겐 별로 중요한 조치는 아닐 것이다. 문제는 지금처럼 영어가 시험 점수를 올리는 위주로 교육되고 사교육비의 대부분을 영어공부에 들이고 있는 실정에서 교육의 효율성을 높일 수 있는 방안에 대해 생각해야 한다. 현실적으로 여러 면에서 영어교육을 받는 자체가 어려운 아이들의 상대적 박탈감은 엄청나게 크다. 이런 면면들이 곧 격차를 공고히 하는 요인인 것이다. 그렇기 때문에라도 영어 공용화는 영어교육에 따르는 사적인 비용과 낭비를 줄이고, 나라 전체의 구성원들이 세계 각지에서 더 많은 기회를 제공받으며 경제적 위상을 올릴 수 있게 한다는 점에서 더욱 현명한 선택이라 하겠다.

영어 공용화를 가장 서두르는 분야는 아마 기업이 될 것이다. 기업들 가운데서도 해외사업 영역이 넓고 앞으로도 그런 확대를 기대하는 기업일수록 영어 공용화를 받아들이는 추세는 늘 것이다. LG전자의 경우 이미 2005~2007년까지 영어 공용화를 위한 작업을 단계적으로 추진해 2008년을 영어 공용화의 원년으로 삼을 예정이라고 한다. 이렇게 대기업에서 시작된 추세는 점차 중견기업에서 중소기업 순으로 빠르게 확산될 조짐이다.

영어 공용화의 첫 걸음은 아이들이 영어를 하나의 학습언어로 배울 수 있는 몰입교육의 기회 대상을 초중고로 대폭 확대하는 것이다. 여기에 재원 문제가 따르기 때문에 일부는 수익자부담의 원칙이 적용되어야 하고, 학교마다 차별화된 서비스를 제공할 수 있는 시스템이 허용되어야 한다. 이런 점에서도 평준화정책을 뛰어넘지 않으면 현실적으로 제대로 된 영어교육이 이루어지기는 힘들다.

또 하나는 교사 선정에 있어서 영어구사력을 평가기준에 적용시켜야 한다. 양질의 교사를 확보하는 일은 영어교육을 정상화하는 데 매우 중요한 요소다. 이미 대학 교수 선정에는 영어 수업이 가능한 사람을 중심으로 채용이 이뤄지고 있다. 초중등학교 교원 선정에 있어서 역시 적극적인 검토가 필요하다.

다음으로 필요한 일은 국영방송이나 민영방송을 중심으로 영어 방송 시간을 늘리는 일이다. 그리고 이중 언어 채널을 통해 스스로 선택할 수 있도록 하는 방안도 모색해야 한다. 또한 각종 법령 등을 영어로 옮기는 작업도 이루어져야 하는데, 이 작업은 대단히 방대하고 막대한 예산이 소요되기 때문에 상당 기간의 준비 작업을 거친 다음에 시행해야 할 문제다.

하지만 무엇보다 중요한 사안은 이에 대한 반대 의견에 어떻게 맞서 설득할 것인가 하는 점이다. 좋은 방법은 시범적으로 일부 지역을 선정해 테스트 기간을 갖는 방안이다. 예를 들어 송도자유무역지구나 제주 국제자유도시와 같이 특정 지역을 대상으로 영어 공용화를 시행하는 것이다. 결과가 효과적일 경우 그에 따라 인구 이동이 이루어지는 또 하나의 장점도 누리게 된다. 전국이 아니라 지역단위별로 선택할 권리를 주면 영어를 공용화하는데 있어서도 큰 변화가 일어나게 된다. 지방자치단체는 서로 앞다퉈 영어 공용화를 시행하려 들 테니, 경쟁은 이곳에서도 어김없이 순기능을 발휘할 것이다.

'평등-좌파'와 '자유-우파' 진영의 대결구도에 주목하라!

속지말자 네거티브 캠페인

2007년도 대통령 선거를 앞둔 시점이다. 국민들은 다시 차기 5년을 이끌어 갈 지도자와 정치그룹을 선택해야 한다. 어떤 선택이 올바른 것인지 여전히 오리무중인 채 시간은 흘러간다. 일각에서는 딱 꼬집어 한 명을 주장하기도 하지만 그 어느 때보다 줄기찬 흑색선전이나 네거티브 공세가 예상되는 점을 고려하면, 더더욱 그 결과를 예상하기가 쉽지 않다.

이번 대선에는 과거와 비교해 더욱 가혹하고 음흉한 네거티브 전략이 동원될 것으로 보인다. 존재하지 않는 사실을 부풀려 상대방 후보를 매도하는 이른바 '부정성 효과이론(negativity effect theory : 사람들은 긍정적인 메시지보다 부정적인 메시지에 더욱 예민하게 반응하고, 그것을 더 정확하게 기억할 뿐만 아니라 더 오랫동안 간직한다는 이론)'에 바탕을 둔 네거티브 선거운동은 이미 벌어지고 있다. 미국 역대 선거에서 나타났던 추악한 네거티브 전략의 실상에 대해 커윈은 다음과 같이 정의한다. 국민들의 판단을 도울 만한 얘기다.

> "속지 말자. 사람들은 네거티브 선거 캠페인을 좋아한다. 대부분의 여론조사에 따르면, 유권자들은 정치판의 추악한 중상모략을 좋아하지 않는다고 한다. 그러나 그것이 사실이라면 도대체 왜, 선거에서 중상모략이 난무하는 것일까?
> 한 가지 분명한 이유는 많은 선거 컨설턴트들이 입을 모으듯 이러한 전략이 효과적이기 때문이다. 사람들은 드라마와 가십 거리를 좋아하는데, 선거는 이러한 두 가지 요소를 두루 갖추고 있다. 네거티브 선거 캠페인이 효과적인 또 한 가지 이유는 사람들이 다른 사안보다 이를 더 쉽게 기억한다는 점이다.
> − 커윈 C. 스윈트, 『네거티브, 그 치명적 유혹』, p.13.

물론 투표 결과가 나와 봐야 알겠지만, 누가 집권을 하더라도 향후 5년 동안 궁극적으로 어떤 나라를 만들지에 대한 의견을 정리할 수 있다면, 대한민국을 어떤 방향으로 이끌지에 대한 해답은 저절로 찾을 수 있는 것이다. 이 책이 지금까지 제시한 다양한 부분의 문제점과 해결방안은 바로 유권자들의 현명한 선택과 그리고 선출된 지도자와 그를 따르는 정치그룹이 향후 5년 동안 지향해야 할 방향과 정책에 대한 조언이다.

대통령 중심제를 채택하고 있는 한 정치는 사회의 각 부분에 영향력을 발휘한다. 때문에 대선의 현명한 선택이야말로 향후 5년뿐만 아니라 그 이후 대한민국의 미래를 결정하는 중요한 요소로 작용한다.

5, 60여 년의 인생길을 걸어온 대선 후보자(혹은 정치세력)의 언행에는 자신만의 사고와 틀이 존재한다. 때문에 그들에게 변화를 요구하는 것은 실상 어려운 일이다. 그러므로 우리는 더더욱 신중하고 사려 깊게 각 후보자의 면면을 살펴 선택해야 한다. 겉으로 드러나는 부분에 집착하기보다는 내면을 들여다볼 수 있는 혜안이 절실하다. 이 책을 다 읽었다면 어느 부분에 치중해 지도자를 선택해야 하는지 도움이 되었으리라 생각한다.

화려하게 포장된 껍질을 벗기고 한 인간의 내면을 깊이 성찰하기 위해서는 그가 내뱉는 말 한 마디, 하나하나의 행동들을 찬찬히 살펴 참과 거짓을 구분할 줄 알아야 한다. 하지만 본래 인간이란 이성이나 논리보다는 감성과 풍문, 지역주의, 학연, 지연, 혈연 등의 다양한 요인에 더 큰 영향을 받기 때문에 곧잘 실수를 범하게 된다. 더욱이 선거전은 마지막 순간의 분위기나 바람이 여전히 중요하게 작용하기 때문에 더욱 그렇다. 인간이 과거를 성찰하고 그 과거로부터 의미 있는 교훈을 끌어내는 데 익숙하다면 문제될 것은 없다. 그러나 실상 인간이란 그렇게 논리적이거나 이성적이지 못하다.

2007년 대선의 선택기준

2007년 대통령 선거전에서의 선택기준을 간단명료하게 정리하자면, '평등-좌파' 진영과 '자유-우파' 진영 간의 대결구도로 볼 수 있다. 이런 분류에 대해 비판의 여지도 있겠지만, 지난 10여 년 동안 집권에 성공한 한국의 좌파 진영을 두고 그냥 좌파라고 부르기에는 적합하지 않다. 그들의 정체성을 규명할 때는 반드시 '평등'이라는 또 하나의 명사를 붙이는 것이 그들의 정치적 성향과 정책을 표현하는 데 보다 합리적이다. 여타 국가들이 남북한 대치상황 등의 문제를 갖고 있지 않음을 고려할 때 용어 선택에서 이 점을 충분히 고려해야 한다.

지난 세월 햇볕정책을 신앙처럼 고수하는 세력들은 스스로의 정체성을 두루뭉술한 용어로 적당히 숨겨 왔다. 이번에야말로 '우리의 정책은 전통적인 좌파 진영의 정책을 선택하고 있습니다. 그리고 여기에 더해 이제까지의 대북한 정책을 앞으로도 계속 고수할 예정입니다'라고 솔직히 공개하고 이에 대해 당당히 심판을 받으면 어떨까. 그에 따른 국민의 선택과 지지가 뒷받침된다면 그 방향으로 나라를 이끌면 되는 것이 아니겠는가. 이도 저도 아닌 모호함으로 정체성을 감춘 채 집권을 위한 지지를 얻는 일은 정직하지도 올바르지도 않다.

이번 선거전은 '평등좌파 진영의 정치 지도자를 선택할 것인가, 아니면 자유우파 진영의 정치 지도자를 선택할 것인가?'에 따라 성패가 나누어질 것이다. 이런 기준을 묵인한 채 지역주의나 인물의 과거 행적을 부각하는 행동은 선택의 본질을 희석시키는 일이다.

이러한 관점을 보다 쉽게 전달할 수 있는 방법이 없을까 고심하던 끝에, 두 진영의 지향점과 목표추구 방법, 그리고 그 결과물을 〈평등-좌파 진영 vs 자유-우파 진영〉의 비교표로 간단하게 정리했다. 하나하나 면밀하게 살펴보면 지도자와 한국의 미래상을 선택하는 데 도움이 될 것이다. 정치라는 것이 절충과 타협이 본질임을 고려할 때 지나친 이분법적 사고방식이 아니냐고 반문할 수도 있다. 그러나 정치 세계에서 실제 절충과 타협이 이뤄진다하더라도 국민들 스스로 문제의 본질을 파악할 수 있도록 확실한 정보와 지식을 제공할 필요는 있다는 생각이다.

평등좌파와 자유우파 진영이 추구하는 비전은 근본적으로 다르다. 하나는 평등한 사회를, 다른 하나는 자유로운 사회를 추구한다. 한마디로 믿음체계의 우선가치부터가 다르다. 역사의식 또한 근본적으로 다르다. 평등좌파 진영은 서울대 이영훈 교수의 묘사처럼 '집단적, 폐쇄적, 관념적, 도덕적, 갈등적, 부정적'인 역사의식을 갖고 있다. 당연히 그들은 지난 50년 동안 대한민국이 성취한 결과물을 폄하하고 부정한다. 반면에 자유우파의 역사의식은 '개인적, 개방적, 실체적, 실용적, 통합적, 그리고 긍정적'이며 지난 50년간 대한민국의 성취를 자랑스럽게 여긴다.

때문에 두 진영 사이의 통일관도 현저하게 차이가 난다. 평등좌파 진영은 늘 '우리가 남이냐', '우리 민족끼리' 등의 말을 내세우면서 그들의 이상적인 통일한국 모습인 남북한의 절충적인 체제를 지향한다. 자신의 백성들조차 먹여 살리지 못하고 시도 때도 없이 국제 사회에 도움을 청하는 체제에서 무엇을 도입할 수 있는지 도무지 알 수가 없다. 반면 자유우파 진영은 자유시장경제와 자유민주주의 체제에 중심을 둔 흡수 통일 방안을 지지한다. 당연히 그들은 현실에서 실패한 체제는 더 나은 체제로 대체되어야 한다고 생각한다.

구체적으로 들어가면 경제, 외교, 국방, 교육, 추진세력 등 거의 모든 면에서 두 진영은 차이가 난다. 예를 들어 평등좌파 진영의 추진 그룹은 말에 능숙하고 대중동원과 선전선동에 익숙하다. 본래 사회운동을 통해 성장한 사람들이 많기 때문이다. 그들의 사상체계는 제3의 길, 사회민주주의, 민족주의 등의 조합으로 이뤄진다. 반면에 자유우파 진영은 말보다는 행동에 능숙하며 운동권 출신보다는 생업에서 실력을 갈고 닦아온 사람들이 많으며, 성과와 결과를 중시한다. 이념적인 성향에 있어서도 실용주의와 자유주의를 조합한 형태다.

경제정책에 있어서도 평등좌파는 거대 정부를 선호한다. 당연히 세금부담을 증가시키고 언제라도 미래의 소득을 끌어다 현재 소비를 할 수 있다고 믿기 때문에 국가부채와 재정적자가 늘어날 수밖에 없다. 자유우파는 작은 정부를 선호하며, 가능한 감세로 기업가정신을 북돋우고 빚으로 나라 살림을 꾸리는 일은 올바르지 않다고 생각한다. 평등좌파가 평등을 촉진하는 정책을 사용하는 반면 자유우파는 경쟁촉진에 비중을 둔다. 그들은 개개인에게 선택의 자유를 넓혀주면 사람들은 당연히 열심히 일하고, 열심히 투자하고, 열심히 저축할 수 있는 자유의지를 가진 존재로 가정한다.

외교정책에 있어서 평등좌파는 자주 미국에 대한 반감을 교묘히 이용한다. 반미 색채가 강한 시민사회단체의 연대모임을 활용해서, '자봐라. 국민들의 여론이 이렇지 않은가' 라고 말하고 싶어 한다. 자유우파는 강대국 가운데 개인적 자유와 인간의 보편적 권리에 대한 믿음을 가진 나라가 바로 미국이라고 생각한다. 그래서 그들은 가능한 미국과 선린우호관계를 유지하기 바란다.

뿐만 아니라 평등좌파와 자유우파 사이에는 주변국가와의 외교전략에도 차이가 있다. 정치적 목적으로 민족주의를 이용하려는 한 주변국가와의 관계가 원활할 수는 없다. 더욱이 평등좌파는 북한을 정상적인 국가로 간주하고 북한의 위협을 과소평가하며 통일에 대한 전략은 전무한 상태다. 그들은 북한당국과 주민을 구분하지 않고 돕는다. 자유우파는 북한을 비정상적인 국가로 간주하고 북한의 위협은 여전히 크며 통일전략은 자유시장경제와 자유민주주의 중심의 원칙에 입각해서 당근과 채찍을 적절히 사용해야 한다고 주장한다.

교육정책에서의 평등좌파는 '3불정책'에 기초를 둔 평준화를 선호한다. 반면에 자유우파는 평준화의 틀을 허물어야 하고 학생과 학부모에게 선택의 자유를 주며 국가의 깊숙한 개입을 자제해야 한다고 생각한다. 평등좌파의 복지정책은 상대적 격차의 해소를 위해 시혜성 복지가 계속되어야 한다고 믿는다. 이런 정책은 효과는 전무하고 막대한 재정적자와 국가부채를 남기게 된다. 뿐만 아니라 가능한 많은 사람들이 혜택을 받기 위해 정책을 이용하는 결과를 낳는다. 반면에 자유우파는 어려운 상황에 처한 사람들을 지원하는 보조정책에 초점을 맞추어야 한다고 주장한다.

이러한 차이는 결과물에서 그대로 드러난다. 평등좌파 체제 하에서는 고성장이 거의 불가능하다. 기적을 기대하기보다는 '뿌린 대로 거둔다'는 진리가 통하는 세상에서 어쩌면 당연한 결과일지도 모른다. 곳간이 비다 보면 자연히 사회적 갈등과 분쟁이 확산되게 마련이고, 사회 곳곳에서 기업가정신도 쇠락한다. 반면에 자유우파 진영의 길로 나아가면 고성장의 가능성은 충분하다. 사회 각 분야에서 저비용과 고효율을 달성할 수 있으며 혁신과 창조활동이 이루어진다. '한번 잘해보자!', '스스로의 힘으로 일어설 것이다!', '함께 도전하자!' 등의 분위기가 사회를 지배하게 된다. 창업이 활성화되고 기업의 투자가 늘어나며 사람들은 무기력과 체념에서 벗어나 미래를 향해 다시 뛰게 된다.

이제 아래의 표를 통해 두 진영을 찬찬히 비교 검토한 후 어떤 정치세력을 선택하는 것이 나와 국가를 위하는 길인지 신중하게 결정하면 된다. 그리고 그 선택된 자가 어떤 정책을 펼쳐야 하는지에 대해서는 이미 읽은 이 책의 내용을 참조하면 될 것이다.

번영으로 나가는 길은 그리 어렵지 않다. 참과 거짓, 옳고 그름을 구분하는 우리의 혜안에 따라 앞으로 펼쳐질 5년, 어쩌면 그 이상의 미래가 달라진다는 사실을 부디 기억하길 바란다. 진정성을 갖춘 지도자를 선택하는 것, 그것이 곧 번영의 길로 나아가는 첫걸음이다.

지향점(Goals)	'평등-좌파' 진영	'자유-우파' 진영
비전	평등한 사회	자유로운 사회
핵심가치	평등	개인적 자유
역사의식	집단적, 폐쇄적, 관념적, 도덕적, 갈등적	개인적, 개방적, 실체적, 실용적, 통합적
지난 50년의 대한민국	부정(폄하)	긍정(자긍심)
통일 한국	민족 우선	개인의 기본권(인류 보편가치 우선)
통일 한국의 체제	남북한 체제 절충(연방제)	자유시장경제, 자유민주주의(흡수 통일)
세계관	명분, 이념 중시	실사구시 중시

방법(Methods)		'평등-좌파' 진영	'자유-우파' 진영
경제	정부역할	거대 정부	작은 정부
	세금	증세	감세
	예산	적자예산(구조적)	균형 예산
	정책 초점	평등 촉진	경쟁 촉진
	성장 엔진	기업, 기업가(말로만)	기업, 기업가(행동으로)
외교	대미관	반미(反美)	용미(用美)
	주변국 관계	갈등, 반목, 고립, 과거 중시	선린우호, 협력, 미래 중심
	통일 전략	무대책(일방적인 퍼주기, 저자세)	전략과 전술(조건부 지원)
국방	북한관	정상 국가	비정상 국가
	북한위협	없음	엄연히 존재함
	주적국가	없음	북한
	북한문제 해결법	한미 동맹의 이완과 독자 노선	긴밀한 한미 동맹과 협력 노선
교육	정책의 틀	평준화, 서열화 불가	차별화, 경쟁
	3불정책	고수	폐지
	시각	공급자 우선	수요자(학생) 우선
	개혁추진 세력	교육부 주도	시장 주도(시장의 다양한 실험 인정)
	현재 상황	문제 없음	위기 상황

방법(Methods)		'평등－좌파' 진영	'자유－우파' 진영
복지	원칙	시혜성 복지의 확대	최소한의 지원
	연금	많이 내고 많이 받기	적게 내고 적게 받기
	생산성 복지	가능	복지의 중립성(복지와 경제 연결 불가)
추진세력	특기	말(words) 선전선동, 이미지 만들기 능숙	행동(action) 현장, 생업, 결과 중시
	전력	현장 경험 부족	현장 경험 풍부
	이념	제3의 길, 사회주의, 민족주의 등의 조합	자유주의와 실용주의의 조합
	시야	과거 중시	미래 중시

결과(Results)	'평등－좌파' 진영	'자유－우파' 진영
경제성장	저(低)성장	고(高)성장
시민들의 심적 상태	현상유지와 불안감	높은 기대감과 희망
시대정신	의타심	자립심(Self-help)
기업가정신	하락	상승
부자관	가진 것이 죄다	가진 것은 능력의 입증이다
사회의 신진대사	정체	원활
사회의 건강상태	고비용 저효율	저비용 고효율
국가부채	증가	축소
세금부담	증가	감소
정책 트렌드	재분배 정책의 양산 (질투와 시기심의 제도화 증가)	인센티브 강화정책
재산권	자주 침해됨	강하게 보호됨
주류	안정론자	변화론자
20대와 30대의 상황	안정, 안정 또 안정!	도전, 성장, 혁신!
시대의 키워드	안정(Security)	역동성(Dynamics)